そうだったんだ！
中小企業経営

● ● ● ● ● ● ● ●

社長の経営戦略がまるごとわかる本

【編著】 中小企業診断士
折笠 勉

三恵社

まえがき

　本書は、経営コンサルタントの国家資格である中小企業診断士（経営コンサルタント）とはどのような仕事を担っており、どのような場合に使えばいいのかをご案内した本である。

専門的視点から診断・助言する中小企業診断士

　経営診断に関わっていると、経営をめぐる環境が益々厳しくなる中で、中小企業の経営者は日頃から「売上を増やしたい」「利益率や資金繰りを改善したい」など、経営の改善を図りたいと悩んでいることがひしひしと感じられる。また、創業したいが何をどうすればいいかわからないと思っている創業希望者も少なからずいることがわかる。

　本書は、経営診断や助言をする中小企業診断士（経営コンサルタント）の業務の拠り所とする理論にも触れつつ、その仕事について解説する。また中小企業の経営者や創業者予定者の相談相手として、中小企業診断士が行う診断業務の具体的な課題ごとに経営診断の実際をご紹介する。更に商工会、商工会議所のみなさんが、経営相談や会員研修などの企画の際にも使っていただけることも考慮した。

そもそも中小企業診断士（経営コンサルタント）ってなに

　一般社団法人 中小企業診断協会のホームページを見ると「中小企業診断士は、中小企業の経営課題に対応するための

診断・助言を行う専門家」であり、「法律上の国家資格として、『中小企業支援法』第11条に基づき、経済産業大臣が登録」した経営コンサルタントとなっている。

経営コンサルタントは中小企業診断士でなくてもできるが、「中小企業診断士制度は、中小企業者が適切な経営の診断及び経営に関する助言を受けるに当たり、経営の診断及び経営に関する助言を行う者の選定を容易にするため、経済産業大臣が一定のレベル以上の能力を持った者を登録するための制度」となっているため、依頼する側の安心感につながる。

また、中小企業基本法の位置づけでも、「中小企業者が経営資源を確保するための業務に従事する者（公的支援事業に限らず、民間で活躍する経営コンサルタント）」とされている。

中小企業診断士は、中小企業が競争環境のなかでどう生き残りを図るかという経営戦略の策定のアドバイス、経営戦略を実行する際の数値計画を含む経営計画の策定、中小企業を取り巻く内外環境の変化に対応し支援も行っている。これらの実行のため、法律や会計など他の専門家と連携したり、行政や金融機関等のパイプ役になったり、国や地方公共団体の中小企業施策の活用支援まで、幅広い活動に対応している。

経営計画策定、経営改善には専門的視点が不可欠

私たちは、「中小企業は日本の経済を支える縁の下の力持ち」と考えている。日本の事業所数の99％は中小企業である。従業者数の約7割が中小企業で働き、付加価値額（製造業）の約5割を生み出している。中小企業の発展抜きに日本

経済の発展はない。

　このような中小企業のメリットは、経営判断が迅速にできる、素早く軌道修正できる、補助金など様々な制度の恩恵を受けられるなどである。中小企業の中にはこのメリットを生かし、世界トップクラスの技術やオンリーワンの商材を持っているところも少なくなく発展の可能性を秘めている。そのためには厳しい環境の下で内外環境にタイムリーに適応することが求められている。

　反面、デメリットも少なくない。中小企業は規模が小さいがために、景気の動向に左右されやすい、経営資源が不足するために経営革新に必要な投資資金が十分に確保できない、必要な人材の確保に困難が伴うなどのデメリットがある。

　メリットを生かし、デメリットの影響を小さくして経営改善を進めるにはどうしても専門的な視点が欠かせない。「売上が下がった」「資金繰りが厳しい」といっ

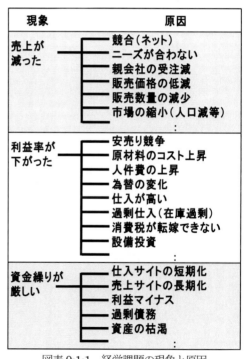

図表 0-1-1　経営課題の現象と原因

てもそれは現象面であり、その根底には様々な原因がある。一つひとつの原因を明らかにし、緊急性、重要性の視点から順序づけをして効果的な対策をすすめる必要がある。

　このような時、役に立つのが中小企業診断士（経営コンサルタント）である。しかし、経営コンサルタントについて中小企業を経営する側から見ると、「効果があるのかがわからない」「高い料金を請求されるのでは」など様々な不安もある。

　本書は、こうした疑問や不安も含め、中小企業が中小企業診断士を安心して活用できるよう、中小企業診断士を使う際の疑問や不安にできる限りお答えしている。

　皆様が気軽に経営に関する問題や課題についてご相談下さることを期待してやまない。（折笠　勉）

目次

まえがき 1
目次 5
第1章 中小企業診断士って何？ 9
　第1節 中小企業診断士とは 10
　　第1項 中小企業診断士の社会的意義 10
　　第2項 資格の取得 10
　第2節 中小企業診断士の仕事 11
　第3節 経営指導・診断 14
　第4節 調査・研究 16
　第5節 講演・教育訓練（研修講師） 18
　第6節 執筆 19
　第7節 情報発信とマーケティング 20
第2章 経営課題別業務内容① 23
　第1節 経営診断・経営計画策定支援 24
　　第1項 経営診断とは何か 24
　　第2項 経営診断を受けるメリット 25
　　第3項 経営診断の手順 28
　　第4項 経営計画（ビジネスプラン）とは何か 36
　　第5項 経営計画の具体的な内容 41
　　第6項 中小企業診断士の支援 43
　第2節 創業支援 47
　　第1項 日本における創業の実態 48
　　第2項 創業までのステップ 50
　　第3項 創業スクール・創業塾 54
　　第4項 創業支援の事例 56

第3節　補助金支援 58
　　　第1項　補助金を上手に活用する 59
　　　第2項　補助金の種類と概要 59
　　　第3項　補助金申請のポイントと手順 62
　　　第4項　補助金支援の事例 65
　　第4節　研修講師 67
　　　第1項　研修講師とは 67
　　　第2項　管理者研修 68
　　　第3項　新人研修 72
　　　第4項　テーマ別研修の例 74
　　　第5項　資格受験研修 77
　　　第6項　プロ講師養成講座 79
　第3章　経営課題別業務内容② 83
　　第1節　経営戦略策定 84
　　　第1項　経営戦略とは 84
　　　第2項　業界の構造分析 87
　　　第3項　競争優位の実現 93
　　　第4項　将来への戦略策定 95
　　第2節　営業 99
　　　第1項　営業力のない会社に未来はない 99
　　　第2項　営業の誤解 101
　　　第3項　営業で一番大事なこと 102
　　　第4項　「売り先」が全くなかったらどう考えるか 105
　　　第5項　「売上拡大」をするにはどう考えるか 107
　　　第6項　「売上」に行き詰ったらどう考えるか 109
　　　第7項　小規模事業者のインターネット活用 112
　　　第8項　営業力強化のステップ 113
　　第3節　資金繰り・財務 116

第1項　資金繰りのコツ 116
　　　第2項　健全な財務を維持しよう 129
　第4節　マーケティング 141
　　　第1項　マーケティングって何？ 141
　　　第2項　DDTプロレスリングのマーケティング手法に学ぶ 143
　　　第3項　中小企業におけるマーケティング活用術 146
　第5節　IT化支援 162
　　　第1項　成長の節目でIT化が待ち受けている 162
　　　第2項　IT活用は「攻め」と「守り」 163
　　　第3項　ツール・サービスの活用と自社専用ソフトの開発 167
　　　第4項　ステージを把握し、戦略を練り直す 171
　　　第5項　ITを用いるリスク 172
　　　第6項　最近の潮流（２０１５年時点） 175
　第6節　生産管理 182
　　　第1項　日本の労働生産性は低い 182
　　　第2項　「生産管理」は製造業だけのものではない 187
　　　第3項　製造業によくある「生産管理」上の問題点 188
　　　第4項　事例紹介 194
第4章　中小企業診断士の上手な使い方 203
　第1節　どんな時に使ったらいいの 204
　　　第1項　経営診断・経営計画策定 204
　　　第2項　創業、補助金申請、農商工連携 204
　　　第3項　その他の支援 208
　第2節　経営診断の費用は 208
　　　第1項　「情報はタダ」は通用しない時代に 208
　　　第2項　具体的な価格は 209

第3節　連絡するには..210
補論　マイナンバー制度への対応..................................211
　第1節　マイナンバー制度に対し、経営者はどのように取り組めばよいのか..212
　　第1項　マイナンバー制度とは？..............................213
　　第2項　何をいつまでに準備しなければならないか？215
　　第3項　想定されるリスクに対処する......................218
　　第4項　作業フローを確立しよう..............................225
　　第5項　管理体制チェックリスト..............................225
　　第6項　取扱事務チェックリスト..............................230
あとがき..232
著者経歴（アイウエオ順）..233

第1章
中小企業診断士って何?

第1章 中小企業診断士って何？

第1節 中小企業診断士とは

　本書を手に取られた方、中小企業診断士ってどんな人たちか、わかるだろうか？ 医者や弁護士などはテレビドラマでも頻繁に出て来るためわかりやすいが、それらとは違って、ちょっと想像しづらいのではないだろうか。
　それでは、まずこの章では、中小企業診断士という資格、職業について紹介して行こう。

第1項 中小企業診断士の社会的意義

　同法第11条には、「中小企業者がその経営資源に関し適切な経営の診断及び経営に関する助言（経営診断）を受ける機会を確保するため」に中小企業診断士という制度を設けている、とされている。制度の創設は昭和27年であるから歴史と社会的意義のある制度であることがわかる。

第2項 資格の取得
　中小企業診断士の資格を取得するには、一次試験、二次試験（筆記と面接）に合格し、さらに、実務補修を経験する必要がある。

(1)一次試験
　中小企業診断士になるのに必要な学識を有しているかどうかを判定することを目的として、企業経営に関する7科目

について、筆記試験（多肢選択式）を行う。なお7科目とは①経済学・経済政策 ②財務・会計③企業経営理論 ④運営管理 ⑤経営法務 ⑥経営情報システム ⑦中小企業経営・中小企業政策である。

(2)二次試験

　中小企業診断士となるのに必要な応用能力を有するかどうかを判定することを目的とし、診断及び助言に関する実務の事例並びに助言に関する能力について、筆記試験及び口述試験を行う。

(3) 実務補習

　中小企業診断士試験合格者を対象に、15日間の実習方式で実施する。この実務補習は、指導員の指導のもと、実際に企業に対して経営診断・助言を行う。3企業に対して、現場診断・調査、資料分析、診断報告書の作成、報告会を行う。

　受験する資格は特にない。誰でも受験が可能である。そして合格率は一次、二次通算して約4％とかなり厳しくなっている。合格までには、約1,500時間必要とされる説もあり、合格者はかなり厳選された人達である。

第2節　中小企業診断士の仕事

　次に、中小企業診断士はどんな仕事についているのかを紹介する。グラフは少し古いが2011年の調査結果であ

る。経営指導が最も多く、次いで診断業務、調査研究、講演・教育訓練、執筆活動の順になっており、何かこれ、という特定業務ではないようである。

また、専門分野別では、経営企画がトップ、

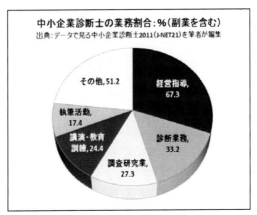

図表 1-2-1 中小企業診断士の業務割合

次いで販売・マーケティング、財務、人事・労務と続き、こちらも診断士の多様性を表している。

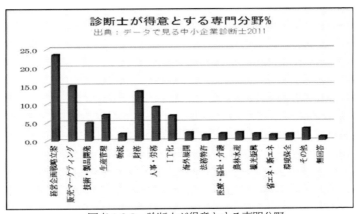

図表 1-2-2　診断士が得意とする専門分野

グラフにはないが、診断士には、公的診断の多い診断士と民間業務が多い診断士がおり、各々得意分野を活かしている。

　診断士の特徴は、他の資格を併せ持ち、シナジー効果（相乗効果）を出していることである。グラフは診断士の保有資格について調査したものであるが、情報処理ならIT、FPなら財務、販売士ならマーケティング、社労士な

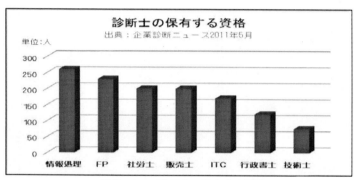

図表1-2-3　診断士の保有する資格

ら人事・労務を得意としていることがわかる。

　中小企業診断士と他の資格、例えば税理士や社労士等との違いは、税理士や社労士の仕事は、法令で決まっているので、誰がやってもまずほとんど同じ結果になる、ならないとおかしい。しかし、中小企業診断士の仕事は、経営戦略など自由度が多く、多様な切り口と解決策がある。ここが他の資格と違う特徴というか魅力である。

　それでは、次節に、診断士の主な業務である「経営指導・診断」、「講演・教育訓練」（研修）、「調査研究」、「執筆」について簡単に実際の業務を紹介する。

第3節　経営指導・診断

　経営指導・診断には二種類のタイプがある。ある特定の企業の相談者として常にその企業につかず離れず、例えば毎月訪問して、経営者からの相談事を聞き、答え、場合によっては持ち帰り指導を行うという、いわゆる「顧問」としての方式である。もう一つは、例えば公的機関からの依頼で、面識のない企業を訪問して、特定の期間、特定のテーマについて診断を行い、報告書を提出し、フィーを戴く方式である。

　顧問の場合、当該企業と深くお付き合いするため、診断士として「知識の切り売り」に止まらず、その企業の「歯車の一部」となり仕事を行うことになる。ただし、その診断士には、特定個人に企業が申し出るほどの人格や深い知識が必要である。

　公的機関の依頼による場合は、数回の訪問でその業種や企業の実情を掴み、分析し、方向性を出し、具体的な提案をプレゼンするため、短時間でこれらをこなすスキルが必要である。場合によっては、グループで診断する機会もあり、チームワークも必要とされる。

　筆者も、独立後約4年であるが、2社の顧問を持ち、製造業、建設業、小売店、IT企業、サービス等10数社の診断を行っているが、やればやるほど、経験が増え、スキルが上がっていくのを実感している。

【筆者の企業診断の例】建設業(内装工事業)診断事例

　この企業診断は、知人の紹介で、私の独立後、単独で行ったものである。(プラバシーの観点から企業概要は変えている)　当該企業X社は、内装工事の下請け企業で、診断日程は図表1-3-1の通り、3日間診断で実施した診断である。

＜診断企業X社の概要＞
・本社は首都圏近郊のA県B市、資本金300万円、
　売上高1億3千万円、従業員4名、下請け個人事業者(パートナーと呼ぶ)26名
・業務内容
　内装工事業、取引先 親企業が90%
・創業からの経緯
　大手企業の下請けとして2名で独立、約40年親企業から信用を得て成長
・就業規則は不要
　社会保険は、個人事業者が任意で加入

図表1-3-1　X社の診断日程

期　日	内容
第1日	企業訪問、社長・総務部長にヒアリング
第2日	企業訪問、中間ヒアリング、報告書作成
第3日	企業訪問、社長・総務部長へ最終報告　プレゼン

<重点課題と提言の概要>
① 後継者の育成
　中小企業白書から小規模企業一般の後継者問題、X社の置かれた環境からのX社の方向、交代の手順を示し、提言した。
② リスク管理
　企業を取り巻くリスクを列挙し、そのうちX社に関連するリスク10個について各々対応策を提言した。
③ パートナーの生活安定
　正社員と下請け個人事業者（パートナー）の違いを比較し、比較結果により、パートナーの問題を指摘し、生活安定のため、パートナーの生涯設計と支援の進め方を提言した。
④ 良質な人材の育成
　パートナーの教育訓練について、マズローの段階欲求説から教育のニーズを指摘し、親企業からの教育と自社における教育訓練について提言した。

第4節　調査・研究

　調査・研究の仕事は、雑誌編集者や企業さんからの依頼で、指定の内容をについてリサーチし、分析、発表するものである。インターネットの発達により調査も随分楽にできるようになってきた。ここでは私の依頼を受けた例について述べる。
　建設会社A社から依頼があり、社員の意識調査をお願いしたいという仕事を請け負った。この調査は、私の知り合

いの診断士が開発した従業員特性調査ツール&従業員満足度調査ツール（BasMos）というエクセルベースのシステムを利用することにした。このシステムは、経済産業省の調査した職種別の人材像と調査者を比較して、能力や、会社への思いなどを比較できるものである。中小企業診断士なら、安価にこのシステムを利用できる。私は以前にこのシステムを使って調査したことがあり、この関係でスムーズに調査を請け負ったものである。

　従業員約30名に約150項目の調査事項の回答をエクセルに記入する。所要時間は一人10分ほどだ。できたら私のパソコンにデータを送信してもらい、エクセルのマクロで分析する。調査結果のグラフも書け、グラフを見ながら一

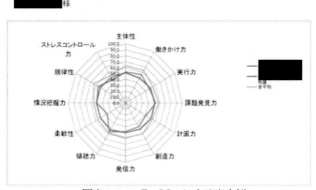

図表1-4-1　BasMosによる出力例

人ずつコメントをしていく。

　調査依頼からデータ受け取り、分析作業を数日で完了。先方企業に伺い、結果を報告する。意外な結果も出て、先

方役員もさっそく対応策を考えていた。お役に立てて嬉しい。

第5節　講演・教育訓練（研修講師）

　筆者の場合、診断と並ぶのは、研修講師である。研修には、特定の企業向けと業界向け講師がある。特定の企業向けには、新人・中堅社員や管理・幹部職向けの階層別研修と、テーマ別研修がある。階層別は、通常1～数日の期間を通して、その職階に必要な知識・技能を指導する。テー

図表1-5-1 筆者のコーチング＆資格試験研修

マ別には、コーチングなどのコミュニケーションや目標管理といった目標達成を目的とするものだ。階層別もテーマ別も1回当たり10～20数名程度の受講生を対象として企業に伺い研修する。

　一方、業界向けではその代表として「資格試験受験講師」がある。研修会社と契約して、国家試験の研修講師を行うケースが多いが、自分で受講生を募集して講座を開催するケースもある。

第6節　執筆

　中小企業診断士の仕事の一つに「執筆」がある。自分の得意分野について、業界の状況などを調査・分析し、執筆し、新聞・書籍・雑誌、インターネットなどに寄稿する。執筆料はそれほど高くはないが、診断士としてのブランドを確立するには絶好である。独立診断士でも、企業内診断士時代に執筆に励んで実力をつけた方も大勢いる。また診断士仲間が集まって、書籍を書く方法もあり、本書もその一つである。調査、分析、発表は、中小企業診断士にとって適切な仕事である。

図表1-6-1　筆者の出版書籍
アマゾンで売れ行きがわかる

第7節　情報発信とマーケティング

　第2節でも触れたが、診断士は、他の士業と異なり、法律上の独占業務などがない。従って自らの手でブランドを確立し、マーケティングしていかないといけない。従って、診断士には執筆以外にSNSでの情報発信している方が多い。筆者の経験からそのあたりを解説する。

　筆者は、ガス業界の出身で、サラリーマン時代には、都市ガスの安定供給、保安の確保の仕事の傍ら、人事・労務や自己啓発として多くの資格取得をしてきた。独立前からホームページやブログで毎日情報発信をしてきた。独立開業後、自分ブランドを作るため、ガスの国家試験の試験問題集を自費出版した。そしてこれを周囲の方々や業界誌などへ献本しておいた。

　これがスタートで、業界紙の編集者から声がかかり、新聞に資格の連載を戴き、業界には名前が知られるようになった。すると問題集の販売も好調になり、翌年の改訂版では、印税を戴くようになった。ま

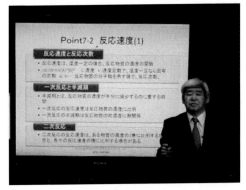

図表1-7-1　筆者のインターネット動画講座の収録風景

た、私のホームページを見て、業界大手から研修講師の仕事を戴くようになった。そしてその講習会で、今年の試験問題の予想をすると、これが当たって、翌年も仕事が来るようになった。ますます問題集も売れ、改訂版まで出すようになった。さらにインターネットによる動画講座制作の話が舞い込んできて、これをスタートさせた。それがもとで、資格書籍の大手出版社から、執筆依頼が来て・・ と、なんだか信じがたいようなストーリーになってきた。

　これはもともと、独占業務のない法律で守られていない診断士は自分ブランドを作ってマーケティングをすることが不可欠という、中小企業診断士の特徴からの話である。

第 2 章
経営課題別業務内容①

・経営診断・経営計画策定支援

・創業支援

・補助金支援

・研修講師

第2章 経営課題別業務内容①
経営診断・経営計画策定支援、創業支援、
補助金支援、研修講師

第1節 経営診断・経営計画策定支援

第1項 経営診断とは何か

(1)会社の人間ドック
　自分のことは自分が一番分かっている、自分の体も！と誰もがそう思っている。しかし、健康診断や人間ドックを受診して、大腸にポリープがあり、早く切除して事なきを得たなど、思わぬ問題が分かることがある。人間ドックでは内視鏡、レントゲン、超音波検査、生化学検査、細菌検査など様々な検査により、自分の体を客観的に把握することができる。老化は避けえないが自分は概ね健康だったとわかれば安心感が得られる。コレステロールや中性脂肪が高いので、動脈硬化にならないよう食生活を改善しようと、アクションにつなげることも可能になる。
　会社も同じ。会社のことは自分が一番分かっている、何年もやってきたんだから、と思っていても、様々な問題を抱えている場合があり、そういう時には専門的視点での診断が必要である。経営診断とは、例えていうなら、企業が人間ドックを受診するようなことである。

(2) 自社の問題点と課題が明らかになる

　経営診断を受診することで、会社の問題点や課題が把握でき、安定経営につなげられる可能性は高まる。重大な問題になる前に気が付き課題が明らかになれば、取り返しのつかないことになる前にアクションにつなげることができる。このように、経営診断を受けることで健全経営に向けた方向性を得る可能性が高まる。

第2項　経営診断を受けるメリット

(1) 専門家の視点で分析した自社の現状と問題点、課題が客観的に把握できる

　経営診断の概要は図表 2-1-1 の通り。対象企業の外部環境調査、社長や従業員からヒアリング、アンケートの実施による内部環境調査により、外部環境の機会と脅威、内部環境の強みと弱みを把握し、当該企業の進むべき方向性である経営戦略を策定する。また、それに伴う数値計画や行動スケジュ

図表 2-1-1　経営診断の概要

ールも作成する。企業の要望によっては、四半期ごとの単位でモニタリング(スケジュール通り計画が進んでいるかをチェック、計画通りいくようなアクションの設定などを行う)も行う。このような経営診断を行うことで、専門家の視点で分析した自社の現状と問題点、課題が客観的に把握できる。

(2)自社がすすむべき方向を判断する材料が得られる

経営診断によって提案する経営戦略は、外部環境調査、社長や従業員からヒヤリング、アンケートの実施による内部環境調査など、客観的根拠をベースに作成されるため、自社がすすむべき方向を判断する材料が得られる。従業員アンケート実施により、従業員の満足度やモチベーションの状況を把握し、モチベーションのアップにつなげる施策を打つことにつなげられる。

図表2-1-2　ある企業の粗利を多い順番に並べた

粗利額上位24%の顧客が、粗利額の80%を占める

図表2-1-2は、筆者が診断を行ったある企業の取引先全社の粗利を多い順序から並べたグラフである。ここの会社の営業は、グラフの右の取引先、ほとんど利益が上がっていない会社にばかり営業をかけていることがわかり、この分析によって、上位2割に積極的な営業をかけることに方針転換

し、利益額を改善することができた。もちろん、このグラフだけでは取引先の成長性まではわからないので、当然のことながら、成長性も併せた分析にもとづいたアクションを行ったことはいうまでもない。

(3)根拠のある経営計画を策定できる

　客観的根拠をベースに経営計画を作成すれば、当然のことながら根拠のある計画となるので、金融機関などへの説明でもより説得力が増す。

　下記の図2-1-3は、筆者が実際に診断したことのあるY社のある年度の店別の年間売上と人件費、売上高人件費比率、営業利益率を示したものである。D店舗の成績が芳しくなく、店長と面談を行い、納得の上で店長を降ろし、本部の店舗支援部門に異動してもらった。その後、D店は新しい店長の下で順調に売上も伸ばし利益率も改善した。取引先の銀行にも、経営計画の説明の際、このグラフを示し店長を変えたため利

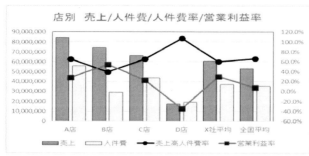

図表2-1-3　Y社の年間売上と人件費、売上高人件費比率、営業利益

益改善が図れることを納得してもらい、新たな借入実施につながった。

第3項　経営診断の手順

　この項では、前述した経営診断の手順をより詳しく述べる。なお、ここで述べる事項はあくまで標準的な内容であり、実際の経営診断は実際と異なる場合がある。

(1)仮説の設定
　経営診断を実施する場合は事前に企業を訪問し、診断に関わる契約や秘密保持契約を締結する。その際、財務諸表や税務申告書、経営に関する資料を事前に収集する。これらの資料の分析後、経営戦略の仮説を設定する。

(2)外部環境の分析

```
来店者様　アンケート        実施機関：○○コンサルティング
                            20■■年11月　　日（　）
Q1. どちらからおいでになりましたか？
  K市（        ）町
  A市　M市　N市　A県その他の市（        ）市
  B県その他（        ）　その他（        ）

Q2. どのような方法でいらっしゃいましたか？
  1. 徒歩　2. 自転車　3. バイク　4. 自家用車　5. 電車　6. バス
  7. タクシー　8. その他（        ）

Q3. ここまでの所要時間はどのくらいですか？
  1. 5分未満　2. 5分～10分　3. 10分～20分　4. 20分～30分　5. 30分～1時間

Q4. 今日の予算はどのくらい」ですか？
  1. 500円　2. 1000円　3. 2000円　4. 3000円　5. 4000円　6. 5000以上

Q5. この店への来店頻度を教えて下さい？            以下略
```

図表 2-1-4　来店者アンケートの見本

当該企業自身の分析の有無、公的統計資料やデータや業界資料やデータ、ネット検索による情報収集など、外部環境を把握し、統計データなどは統計的手法での分析、業界水準や同業他社とのベンチマークなどを実施する。また小売業などでは競合店分析も重要である。来客者や来街者アンケートを実施する場合もある。図2-1-4は、筆者があるスーパーマーケットの店頭で行った来店者アンケートの見本である。

(3)内部環境の分析（企業分析）…ヒアリングにより経営理念、ビジョンなどを把握
①経営層からのヒヤリング
　経営者の人柄や性格、健康状態、専門知識、チャレンジ精神、指導力、決定権限や役員構成、後継者対策などを経営トップから細かくヒアリングする。また当該企業の経営理念やビジョン、当該企業の経営目標、が明確かどうか、ビジネスチャンスの認識、中長期計画の有無とその内容なども把握する。
　中長期計画、年次計画などの経営計画や財務諸表、税務申告書などによる業況の把握、ターゲットの認識、業務量や設備投資の推移、資金の源泉、借入状況、知的財産、組織図、会議体などによる組織構造や決定のプロセス、職務権限、プロジェクト・タスクフォースなどの組織内連携の状況など理念や経営方針に基づく全社的なマネジメント体制や組織構造、業況全体などを把握する。

②部門別状況の把握
　また情報システム、販売や生産の拠点の状況、人事・労務管理、生産、販売、調達、物流、企画設計、マーケティング、営業体制など部門別の管理状況も詳細に把握する。

把握する方法は職務権限者にヒヤリングすることが基本的な方法であり、他にも書面で確認したり、現場見学を行う場合もある。労働密度のバラつきや従業員満足の把握のため従業員のアンケートを実施する場合もある。製造業の場合には生産効率を様々な方法で測定する。

把握した資料を基に、収益性や効率性、安全性、損益分岐点分析などの数値分析を含む、経営全般の分析を行い、外部環境分析と併せ仮説の検証を行う。

(4)全社の経営戦略（事業戦略）の策定

仮説検証をもとに、全社戦略若しくは事業戦略（競争戦略ともいう）を策定する。全社戦略とは、多くの事業を傘下に持つ企業や企業グループが、それぞれの事業の戦略（事業戦略）ではなく、より上位のレベル即ち全社若しくは企業グループ全体の持続的で整合のある資源配分を行い、競争優位性を確立した戦略のことである。

事業戦略は、企業が選択した市場分野において、競争相手に優位性を獲得するかを具体化した戦略のことで

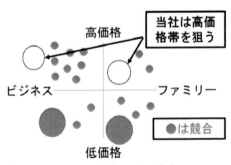

図表2-1-5　競争回避のポジション

ある。競争戦略には競争優位と競争回避があり、競争優位は競合企業より低コストを実現する「コスト・リーダーシップ」と独自性や違いを打ち出す「差別化」、特定のセグメントに

焦点を当てる「集中化」がある。
　競争回避は競争相手の強いターゲットから自社の製品を意図的に異なるターゲットを設定して顧客獲得を図ろうとする戦略である。図表2-1-5の通り、中小企業の場合の対応は競争回避が中心となる。

(5)機能別戦略の策定
　全社戦略や事業戦略を実施する上で求められた場合は、マーケティング、人事、生産・技術、財務、情報などの機能別の戦略を策定する。

①マーケティング戦略（販売・営業戦略）
　マーケティング戦略とは、その企業がどの標的市場を選び、そこで優位な地位に立とうとした場合、流通、製品開発、営業、広告宣伝などの取り組みを効果的に組合せる戦略のことをいう。この組み合わせのことをマーケティング・ミックスとも呼ぶ。

②人事戦略
　人材戦略とは、組織の理念や経営方針、事業戦略などに合致した一貫性を持った、人事上の戦略のこと。それは将来に向かって全社員のモチーベーションを高め、組織を活性化させる上で重要な戦略であり、担当部門はもちろんのこと、経営トップの重要な課題でもある。
　特に大事な点は、今後の人材の評価や処遇の対応では、個人のキャリア開発やスキルアップなどが一層重要になってくると考えられる。競争環境が刻々と変化し、その変化に対応していく時に、従業員を単なる労働力として見るのではな

く一人ひとりの従業員のキャリアやスキルを戦略的な資源と認識して、それらを結び付け統合して、会社の戦略に統合していくことが求められているからである。

図表 2-1-6 の通り、与えられた仕事をできるテクニカルスキルだけでなく、コミュニケーションスキルやコンセプチュアルスキルも含む、一人ひとりの能力や実績を最大限生かすことが必要なのである。人事考課も会社の戦略と整合をとった制度にすると共に、給与処遇も同様にしていく必要がある。

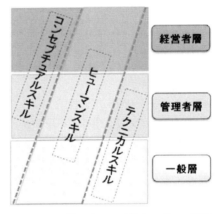

図表 2-1-6 求められる階層別スキル

Katz, Robert : The theory of Robert Katz 1955

③生産戦略、技術戦略

　生産戦略とは生産や物流機能の構築や再配置など事業戦略の遂行との整合性を図り、競争優位に立つ戦略のことである。生産拠点の配置計画、設備投資計画の策定、生産方式の選択、製品の具体的なコストダウン、生産工程に影響与えている要因の把握、流通機能の見直しなど、多岐にわたる。QCDS (Quality、Cost、Delivery、Safety) を大きく改善することは重要な課題であるが、その前に生産戦略や達成すべ

き目標を明確にした上で現状把握を行い、課題を整理することが大切である。

　技術戦略とは、経営戦略の中の技術についての意思決定を指し、技術についての研究開発や商業化、技術提携など技術全般に関する戦略のことを言う。今日、競争力優位を保つためには高度な先端技術が不可欠になっている。技術の研究開発や生産技術について経営資源を効率的に配分したり、他の技術と結びつけるなどの必要があり、その重要性が強まっている。

④財務戦略
　財務戦略とは利益獲得の戦略ではなく、経営資源をどのように活用して企業価値を最大化していくのか、という戦略のことである。
　財務戦略には2つの側面ある。①資金の調達と運用、つまりどのように資金調達をするのか、であり、もう一つは②資本構成、即ち自己資本と負債の構成や配当をどうするかなどの意思決定が財務戦略である。

a) 資金を調達するには、
　・黒字確保
　・確実な回収と回収期間の短期化が重要
　・在庫の適正化
　・適正な投資
　ただし、在庫を絞りすぎると売り逃しにつながるのであくまでも適正在庫が目安になる。投資したお金を回収するには長期間を要する。工場や自社ビルを保有せず借りるなどの選択肢も考慮する必要がある。

b) 最適な資本構成

　負債比率の最適化は、株主への配当金などを含む株式の資本コストと負債に対する利子や節税効果も含んだ負債の資本コストの加重平均資本コストを最低にするような負債と株主資本の最適割合にすることをいう。また、資金需要と調達期間の適正な対応を図り、回収が長期の資産は長期負債で調達し、短期の資産は短期負債で調達することをいう。

⑤情報（IT）化戦略

　単なる会計ソフトの導入は情報（IT）化戦略とはいわない。情報化戦略とは、全社的で長期的な観点から情報化を推進する方向を明らかにして、具体的な個別システムの化の開発を計画化し導入すること。つまり、情報化戦略は、情報技術を企業戦略や事業戦略にマッチさせ、利用するための具体的な方針や計画のことである。

　どちらかというと全社戦略ではなく事業戦略で策定されるケースが多いと言われている。情報化戦略というと会計ソフトやパソコンの導入などが連想されるが、そうではなく、企業経営に結びついた機能戦略を情報戦略という。

例１：顧客関係管理（CRM）が情報化戦略

　CRM は顧客を個客としてみて、継続的な取引を目的とした顧客中心主義のマーケティング手法。インターネットの普及と IT 技術の進化により、個客を一元管理することが可能になり顧客満足度の向上や企業の収益性を向上させる。効率性が飛躍的に高まる。

例2：サプライチェーン・マネジメント（SCM）

SCMは、在庫情報、購買情報などを企業の壁を越えてサプライチェーン全体で共有する。例えば製造業では、風下の購買情報を風上の製造企業がリアルタイムで把握し納期や顧客情報を取り込んだ素早い製品を市場に送り込むことができ競争優位に立つことができる。

図表2-1-7　経営戦略策定の概要（詳細）

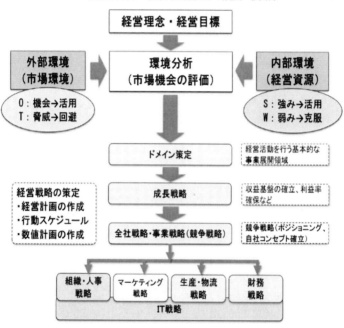

情報技術を用い、競合に対しいかに競争優位に立つか、その方針や計画とその実施などを含め、情報技術に関する一連の取り組みを情報化戦略という。

(6)診断士は何を支援するのか

経営診断の手順は特に決まったフォーマットがあるわけではない。オーソドックスな手順は図表 2-1-7 の流れで行う。診断士はこの流れに沿って、あくまで経営者自らを主体にして経営者の意欲や考え方をもとに、経営戦略を策定するまでの各場面で、根拠にもとづく助言を行い戦略策定のお手伝いをする。また、その後のモニタリングまで業務を担当することもある。

①外部経営環境と内部経営環境について分析する。
②経営理念、経営目標を見直す。
③将来のビジョンを定める。
④実績と経営課題解決について振り返りを行う。
⑤これらをもとに経営課題を抽出する。
⑥抽出した経営課題の解決のための方策、今後の取り組みをまとめる（経営戦略、機能別戦略など）。
⑦これらを経営計画に取りまとめる。

第4項　経営計画（ビジネスプラン）とは何か...

(1)経営計画策定とはあるべき姿への道筋を示したもの
　（経済産業省のスライドを筆者なりに加工しました）
経営計画とは会社の中・長期的な事業計画で、今後どのように会社を経営していくのかをまとめたものである。図 2-1-8 の通り、自社が将来あるべき姿にたどりつくための道筋を示したものであり、経営戦略の根幹をなすものである。

なお、経営戦略と経営計画の関係を柔軟に定めるという考え方（ヘンリー・ミンツバーグ）もあるが、ここでは、経営計画は経営戦略の一部という考え方をとっている。

ミンツバーグは戦略策定〜戦略の実行〜環境変化〜市場環境変化への対応という考えに基づく戦略論が多い中で、環境変化に伴う策定戦略と戦略実行との間の乖離が見過ごされていることを指摘した。策定時にすばらしく見えた戦略プランでも、その後の環境変化を反映することが困難である以上、結果的に現実とズレが生じ、経営計画と経営戦略は常に擦り合わせ柔軟に対応することを主張している。(筆者)

図表2-1-8 経営計画とは (1)

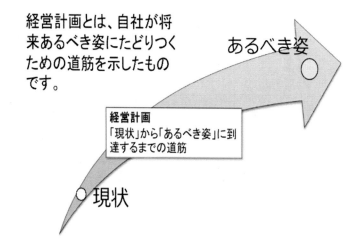

(2)先ずはあるべき姿を明確に

図表 2-1-9 経営計画とは (2)

具体的行動計画

①売上向上のための行動計画：施策 A 及び B の行動計画
②費用削減のための行動計画：施策 C 及び D の行動計画

行動計画を実施することによる目標値

	X期 現状	X1期	X2期	X3期	X4期	X5期
	金額	金額	金額	金額	金額	金額
Ⅰ 売上高	○○	○○	○○	○○	○○	○○
Ⅱ 売上原価	○○	○○	○○	○○	○○	○○
売上総利益	○○	○○	○○	○○	○○	○○
Ⅲ 販売費一般管理費	○○	○○	○○	○○	○○	○○
営業利益	○○	○○	○○	○○	○○	○○
Ⅳ 営業外損失	○○	○○	○○	○○	○○	○○
経常利益	○○	○○	○○	○○	○○	○○
Ⅴ 特別損失	○○	○○	○○	○○	○○	○○
税引前当期純利益	○○	○○	○○	○○	○○	○○
法人税等	○○	○○	○○	○○	○○	○○
当期純利益	○○	○○	○○	○○	○○	○○

　経営計画を策定するためには、経営者の夢、理想、アイディア等をもとに「将来どのような企業になっていたいのか」というあるべき姿を明確にすることが重要となる。

　図表 2-1-9 のような、経営計画は、戦略を実現するために必要な具体的な施策の行動計画と、その結果自社がどのような状態になっているのかを表した数値によって表わす。

(3)3～5年の計画策定を

図表 2-1-10　経営計画の期間

現状

1年後
短期的でできることが限られる

3～5年後
実現できることが広がり、ある程度の予測も可能。

10年後
予測が難しく実現性が低い

　経営計画を作成する期間は、半年～1年などの短い期間だと実現できることが限られてしまう。また、10年後の予測は困難であり、実現性が低くなります。図2-1-10のように、3～5年後のあるべき姿を想定し計画を作成することが一般的である。

(4)経営計画の3つの機能
　図 2-1-11～図 2-1-13 の通り、経営計画の 3 つの機能につ

図表 2-1-11　経営計画の3つの機能(1)

自社の方向性を「見える化」する

来年はこうしよう！

従業員と、目標が共有されていなければ組織的に事業に取り組めない

「見える化」
経営計画

従業員にわかりやすく目標を提示することで組織的に事業に取り組める

いて述べる。

①従業員と心一つに、「経営ビジョン具現化機能」
　経営者が考える自社の方向性を「見える化」する機能。経営のめざす方向や目標、すなわち経営計画が従業員と共有されていなければ、計画は経営者の独りよがりとなり、組織的に事業に取り組めない。経営の方向、目標や経営計画を従業員にわかりやすく提示することで組織的な事業に取り組むことができる。

②計画と実績の差異ですぐに対策、「経営管理機能」
　計画を作成することにより、管理がスムーズになる機能。

図表2-1-12　経営計画の3つの機能(2)

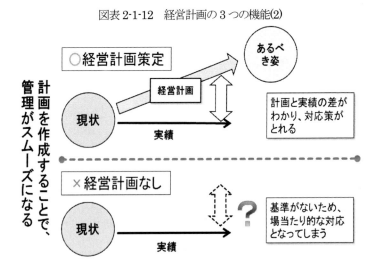

③融資を有利に、「外部への説明機能」
金融機関や取引先へ自社の方向性や現状を説明する機能。

図表2-1-13　経営計画の3つの機能(3)

外部への説明機能	根拠の無い経営計画	明確な根拠のある経営計画
経営計画の内容	単なる願望	外部環境の変化、会社の強みを考慮した合理的計画
取引先との関係	その場限りの関係に	継続的な信頼関係を築ける
金融機関との関係	融資を受けにくい高い金利での融資	融資を受けやすい融資条件が良くなる

第5項　経営計画の具体的な内容

経営計画の一般的な事例を述べる。

(1)会社の概要
　社長のご挨拶文
　会社の基本情報（プロフィール）
　商号、本社所在地、事業内容など
　会社の沿革
　直近の損益計算書、貸借対照表の概要
　主要な取引先、許認可の状況、知的財産権

(2)経営計画のサマリー
　問題点と課題
　計画の基本方針
　投資計画

目標、計画期間

(3)組織の概要

組織図、ビジネスモデル俯瞰図（概要）
業績推移、業務フロー

(4)外部内部の環境分析

SWOT 分析とその説明文

(5)アクション・プランとスケジュール

アクションプランおよびスケジュール

経営改善計画の具体的な内容		実施時期	改善金額	主担当	計画0年目 ●1年2月期	計画1年目 ●2年2月期	計画2年目 ●3年2月期	計画3年目 ●4年2月期	計画4年目 ●5年2月期	計画5年目 ●6年2月期
1	売上高向上への取り組み		売上高影響額							
	【得意先別対策】 得意先ABC分析による重点管理			社長 営業	☆	☆	☆	☆	☆	☆
	▸大手●●会社への重点営業 ▸新たな販路の拡大 ▸利益率の低い得意先の配送などの条件変更し営業時間確保	計画0年目～計画5年目	【0年目】 ●●千円 （減額▲○○千円＋増額■■千円） 【1年目～5年目】 ■■千円 （減額▲○○千円＋増額■■千円）	社長 営業	○○千円 （■■千円-減額▲○千円）	○○千円 （■■千円-減額▲○千円）	○○千円 （■■千円-減額▲○千円）	○○千円 （■■千円-減額▲○千円）	○○千円 （■■千円-減額▲○千円）	○○千円 （■■千円-減額▲○千円）
2	値上げによる利益率の改善		利益率影響額		☆	☆				
	【値上げ対策】 ▸売上が低く、粗利率が低い得意先や商品項目の値上げ ▸消費税の転嫁	適正な利益率の確保 0～1年目	【0年目】 得意先別・商品項目別値上■千円 【1年目】 得意先別・商品項目別値上○○千円	社長 営業	得意先別・商品項目別値上■千円 粗利目標は既存先上は○%、新規○%	得意先別・商品項目別値上■千円 粗利目標は既存先上は○%、新規○%				
3	販売費一般管理費の削減による利益率の改善		(販管費削減額/年)		☆					

図表 2-1-14　アクションプランとスケジュール

(6)数値計画

図表は略

第6項　中小企業診断士の支援

中小企業診断士の経営計画の策定支援は、本書の第 2 章「第 2 項　経営診断の手順」と重複するところがあるため、ここでは概略を述べるにとどめる。

(1)ヒアリング
　中小企業経営者が何を、どう改善したいのか、今後どのような企業経営を進めたいのか、経営目標をどうするのかなど、対象企業の意見を聞き、ニーズを把握する。また必要な場合は従業員からのヒアリング、アンケートを実施する。

(2)資料の収集・分析
　公的資料、調査会社などの資料、ネット検索などで得られた資料、会社の内部資料や同業他社の資料を収集し、これらを分析して当該企業の問題点、経営課題を洗い出し、緊急性、重要性の視点から課題を絞り込み、重点課題として設定した経営戦略を設定する。

(3)自社の将来計画を具現化・数値化
　経営戦略から具体的な目標を明確化し、それを経営計画として数値に落とし込む。また、実行項目を明らかに、アクションプランとスケジュールを作成する。

(4)経営計画を会社全体に浸透させる
　アクションプランに基づき、経営計画を会社全体に浸透させるため、従業員への説明会などに出席する場合もある。

(5)金融機関の融資担当のハートをつかむ

中小企業診断士による金融機関との交渉は、弁護士法に抵触する場合があるので注意が必要だ。しかし、交渉はできないが、社長の思いを社長に成り代わって、金融機関が融資しやすくなるよう、金融機関等に詳細を説明することはできる。

(6)経営革新計画とは

(独立行政法人 中小企業基盤整備機構のJ-NET21より)

「経営革新計画」とは、中小企業新事業活動促進法に基づき、中小企業者が作成する、新商品の開発や新たなサービス展開などの取り組みと具体的な数値目標を含んだ3年から5年のビジネスプランのこと。

経営革新計画を都道府県などに申請して承認を受けると、政府系金融機関の低利融資、信用保証の特例、課税の特例等の支援措置の対象になる。中小企業診断士はこの経営革新計画の策定支援を行うことができる。

経営革新計画を作成・実施したことにより「経営目標が明確になった」「会社の進むべき方向が明らかになり、社員の意識が向上した」「対外的信用が増し、新たな取引が出来た」などの効果が出ているとの声が、経営革新計画承認企業から多く挙げられている。

①新たな事業活動

これまで行ってきた既存事業とは異なる新たな取り組み（新事業活動）を行う計画である必要がある。新事業活動とは、以下の図表 2-1-15 のように4つの分類に該当するものをいう。

図表 2-1-15　経営革新計画 (1)

(1)	新商品の開発又は生産
(2)	新役務の開発又は提供
(3)	商品の新たな生産又は販売の方式の導入
(4)	役務の新たな提供の方式の導入その他の新たな事業活動

②実現性がある数値目標

経営指標の数値目標を達成できる計画であること。また、その数値目標を達成可能な実現性の高い内容であること。経営革新計画の計画期間は3年間から5年間。(計画期間は、新事業計画に応じて各企業で設定)。

【　経営営目標の指標　】

経営向上の程度を示す指標として、「付加価値額」又は「一人あたりの付加価値額」及び「経常利益」を使用します。承

図表 2-1-16　経営革新計画 (2)

計画期間	条件① 「付加価値額」又は 「一人当たりの付加価値額」 の伸び率	条件② 経常利益の 伸び率
3年計画	9％以上	3％以上
4年計画	12％以上	4％以上
5年計画	15％以上	5％以上

認には、図表 2-1-16 の通り、条件①と条件②の両方を満た

す必要がある。
- 付加価値額
  付加価値額＝営業利益+人件費+減価償却費
- 一人あたりの付加価値額＝付加価値額／従業員数
- 経常利益＝営業利益－営業外費用
  （支払利息、新株発行費等）
  経常利益には営業外収益を加算しない。

助成金や補助金申請にも生かせる
経営革新計画（ビジネスプラン）は、企業内外の関係者への説明資料となる。ビジネスプランを情報開示することで、事業への理解や協力体制を生み出しやすくなる。また、助成金や補助金申請にも経営革新計画の内容を生かすことができる。

第 2 節　創業支援

　創業（起業）は産業の新陳代謝を促進し、日本経済を活性化するとともに新たな雇用の創出の役割を担っている。中小

図表 2-2-1　開業率・廃業率推移

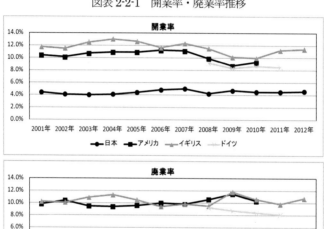

出典：2014 年度版中小企業白書より筆者加工

企業診断士の経営指導の仕事は経営者を対象にしたものだが、創業を考えている人の背中を押し、創業者を軌道に乗せ経営者に導くのも中小企業診断士の仕事のひとつである。

第1項　日本における創業の実態

　はじめに日本の創業の実態がどうなっているか、2014年度版中小企業白書を基に触れておこう。
(1)開廃業率の推移
　日本の開廃業は欧米に比べ低く4%代で推移している。日本政府は2013年6月に閣議決定された「日本再興戦略－JAPAN is BACK－」で、開業率・廃業率10%台を目指すという成果目標を掲げているが、産業の新陳代謝は進んでいないのが現状である。

(2)創業・起業希望者の推移
　起業希望者及び起業家の推移は図表2-2-2のとおりである。起業希望者は2012年81.9万人と減少傾向にあるが、起業家は2012年22.3万人と20万人代で一貫して推移している。起業希望者が増加しないといずれ起業家も減少すると推測され、セミナーなどで創業することの魅力を伝え、起業希望者を増やすことも中小企業診断士の役割であると筆者は考えている。

図表2-2-2　起業希望者・起業家推移

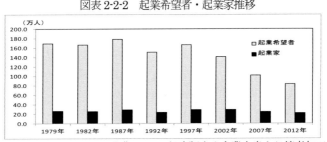

出典：2014年度版中小企業白書より筆者加工

(3)創業・起業に関する相談相手

　起業に関する相談相手は「家族・親族」、「起業仲間や先輩起業家」、「友人・知人」が多くなっている。創業の準備段階から相談相手になりうる中小企業診断士は0.9%と経営コンサルタント（士業を除く）の3.9%よりも低くなっている。中小企業診断士は、創業支援の分野でもプロであることを知っておいて欲しい。

図表2-2-3　起業に関する相談相手

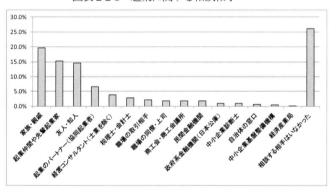

出典：2014年度版中小企業白書より筆者加工

　長い目でみると中小企業診断士は創業者の創業準備段階から関わり、事業の継続や発展まで生涯に渡って創業者と共に歩んでいけるパートナーである。経営全般に渡り創業者のステージや成長に合わせた最適な方法で支援をしてくれる中小企業診断士は創業者にとって心強い味方である。

第2項　創業までのステップ

　創業までのステップに合わせ中小企業診断士の関わり方や支援の内容も変わってくる。

(1) 4つのステージ
　2014年度版中小企業白書では創業までを下記①から④までの4つのステージに定義している。

①潜在的起業希望者
　起業を将来の選択肢の一つとして認識しているが、現時点では何ら準備をしていない者

②初期起業準備者
　起業したいとは考えており、他者への相談や情報収集を行ってはいるものの、事業計画の策定等、具体的な準備を行っていない者

③起業準備者
　起業に向けて具体的な準備をしている者
　※「②初期起業準備者」と「③起業準備者」を合わせ「起業希望者」

④起業家
　起業を実現した者

(2) 中小企業診断士にできること
　創業（起業）に興味を持った人が実際に創業するまでのス

テージは図表 2-2-4 のような階段のイメージである。あっという間に階段を駆け上がる人もいれば、1 段 1 段をゆっくり

図表 2-2-4　4 つのステージイメージ

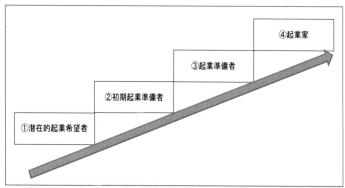

上がる人もいる。起業家というステージまで辿り着かない人もいる。各ステージで中小企業診断士が支援できることを見て行こう。

①潜在的起業希望者
　仕事のひとつに創業という道もあると認識し、創業に興味がある程度の時期で、具体的な創業のイメージがあるわけではないのでセミナーや本などが中小企業診断士との接点になるだろう。

筆者は創業に興味を持っている人、自分の将来に閉塞感を感じているサラリーマンを対象に「個人事業開業のススメ」や「楽しくお得に週末起業」などのセミナーを開催している。

創業の楽しさや、創業は誰にでも可能性のある道であることを伝え、本人の持っているスキルや強みの中に創業の可能性が潜んでいることに気付いてもらうことが主な支援となる。

②初期起業準備者

創業してみたいという気持ちになっている時期なのでセミナーや創業スクール・創業塾、商工会議所や創業支援機関などの相談窓口、知人の紹介などが中小企業診断士との接点になるだろう。

筆者も知人の紹介などで話を聞いてみて欲しいと言われ、創業するにはどうすればいいのか、どんな手続きが必要なのかをよく聞かれる。趣味を活かして総菜屋やカフェをやってみたいなどやりたいことは浮かんでいる時期である。創業する場合の「良い面」と「悪い面」の両面をきちんと伝え、ビジネスの基本的なことがわかっているか、創業しようとしていることが自分の経験やスキル、強みを活かしているものか、創業しようとしている業界の情報収集をしているか、創業に必要なスキルを磨いているかなど、創業を決意する際の覚悟を持たせることが主な支援になる。

料理が趣味で惣菜屋をやりたいという主婦がいたが、話を聞いてみると経営者になることへの知識や覚悟は未熟な状態だったので創業を見送らせる場合もあった。

③起業準備者
　創業を決意し、創業に向けた具体的な準備段階なのでセミナーや創業スクール・創業塾、商工会議所や創業支援機関などの相談窓口などが中小企業診断士との接点になるだろう。未来の企業応援サイト「ミラサポ」にも「創業支援」で検索するとかなりの人数の専門家が登録されている。
　事業計画書の作成アドバイスが主な支援となる。創業の動機や将来の目標、商品・サービス、ターゲット（顧客）、販売計画、仕入計画、設備計画、人員計画、創業までのスケジュール、創業後のスケジュール、資金計画、収支計画（創業当初、軌道に乗った後）を明確にして創業する事業を実現可能なように具体化する支援をするのである。事業計画書は金融機関の融資や補助金申請にも必要となるものなので創業者のパートナーとして経営全般を診ることのできる中小企業診断士の力の発揮どころである。

④起業家
　創業したあとこそ創業者にとって本当の苦悩と苦労が始まる。商工会議所や創業支援機関などの相談窓口が中小企業診断士との接点になるだろう。また、起業希望者時代に事業計画作成を支援してもらった中小企業診断士がいれば事業計画をわかっていて、すでにパートナーとしての歩みも始まっているので相談しやすい相手である。
　事業計画通りに計画が進んでいるか、売上高は順調に増え

ているか、経費はかかり過ぎていないか、毎月の PDCA がまわっているかなどを確認し、うまくいっていない場合の課題の改善策提案が主な支援となる。

第3項　創業スクール・創業塾

　中小企業庁や行政機関の支援により創業支援機関や商工会議所、商工会などが創業スクールや創業塾を各地で行っている。創業に興味のある人や創業を考えている人が創業の基本を格安で学べる場である。企業に勤務している人も受講しやすいように土日や平日の夜間に開催されている。
　創業スクールや創業塾の講師は中小企業診断士であることが多い、それはカリキュラムの内容となる創業や経営のために必要な知識やスキル、具体的な事業計画の作成は中小企業診断士が得意とするところだからである。

(1)創業スクール

　地域創業促進支援事業として中小企業庁が全国各地の実施機関を公募し、各地域で創業スクールを開催している。新たに創業を予定している人、創業に再チャレンジする人などを対象に、創業時に必要となる知識・ノウハウの習得や、ビジネスプランの作成支援を実施することで創業に向けたサポートを行っている。

(2)創業塾

　商工会議所には地域の金融機関や支援機関の協力を得て、チャレンジ精神をもって果敢に創業しようとする者に対して、最新の情報や知識を提供し、創業に当たってのソフト面からの支援を行うことを目的として創業塾を開催している

ところもある。三島商工会議所の創業塾は2012年から創業応援塾と名を変えて、現在は沼津商工会議所との共催で創業応援塾を開催している。

図表2-2-5　2014年創業応援塾カリキュラム（三島商工会議所）

1日目	創業の心構えと事業企画の基本
	事例に学ぶ創業のポイント
2日目	小規模事業者が実践するマーケティングの基本
3日目	夢をかなえるビジネスプラン作成のポイント
4日目	創業のための基礎知識
	インターネットを利用した販路開拓
	創業時の資金調達と創業支援について

　筆者は2006年の三島商工会議所の創業塾の修了者である。当時は会社勤めで創業したいと思って創業塾に参加したわけではなかった。会社が休日の土日5日間に格安の金額で経営について学べるというのが参加した理由だった。創業までのステージでいえば「潜在的起業希望者」であった。創業塾に参加したのをきっかけに中小企業診断士の資格を取得し、2009年に開業、2014年に会社を早期退職し独立した。創業塾の参加者には興味で参加する「①潜在的起業希望者」もいれば、創業を考えていて参加する「②初期起業準備者」、「③起業準備者」もいれば、すでに創業したが経営の基本を学びたいという「④起業家」までの4つのステージの人たちが集まっていて企業勤務だけでは体験できない刺激を受けられる場である。

(3)創業塾 OB 会

　創業に興味を持っても実際に創業の道を選ぶかはわからないし、創業するまでの期間も人によって違う。ただ、"創業"というキーワードでせっかく集まり一緒に勉強した仲間なので、創業塾が終わっても定期的に集まって意見交換できるようにしようと三島商工会議所の創業塾修了者が自主的に三島創業塾 OB 会を発足させた。2011 年に NPO 法人となり、毎年三島商工会議所で開催される創業塾修了者にも声をかけ、定期的に集まり意見交換や創業や経営に関する相談、創業者の話を生で聴く場、セミナーなども開催している。具体的に創業の事業計画を作ったメンバーがいれば定例会の中で計画を発表し、メンバーに突っ込みを入れてもらいながらブラッシュアップを行う場でもある。筆者も発足時のメンバーの一人であり、筆者のように潜在的起業希望者や起業希望者に創業に対する興味やモチベーションを維持する場を作り、提供している中小企業診断士もいる。

第 4 項　創業支援の事例

　筆者が初期起業準備者から起業家になるまで創業支援をした事例を紹介する。

(1)概要
　開業形態：個人事業主
　業種：サービス業（リラクゼーションエステサロン）
　開業年月：2015 年 4 月

開業場所：大阪府
ベッド数：2（個室）
従業員：2人

(2)潜在的起業希望者時期
　自分自身がアロマトリートメントなどを受けるうちに自分でもやってみたいと興味を持ったのがきっかけだそうだ。元々は塾講師という畑の違う仕事をしていた。自分の考えと違う、人の決めたことに従って仕事を続けていくことに疑問を感じていたようであった。自分で考えて決めていきたい、と創業の選択肢が芽生えたそうである。

(3)初期起業準備者時期
　筆者が出会ったのは創業を考えて準備を始めた頃である。「創業を考えている人がいるので中小企業診断士なのだからちょっと話を聞いてあげて」という知人からの紹介であった。
　話を聞いてみると色々なエステサロンを利用したり、トリートメントのスキルを身につけるコースに通ったり、休日を使ってエステサロンで働いたりして経験やスキルを積み上げていた。どのようなサロンにしたいかのイメージもできていた。オープンに特に許認可がいるわけではないので開業形態や開業届などの必要な手続きなどわからないことや不安に思っていることを聞きながらアドバイスする形で支援を行った。

(4)起業準備者時期

　開業場所は大阪を考えているとのことだったので物件選びのアドバイス、最寄りの駅周辺の競合店調査でメニューや価格、営業時間、特徴などを調べ、差別化するためのコンセプト作りやターゲット、メニュー作りのアドバイス、事業計画の作成の支援を行った。自己資金で２年は運営できるので金融機関の融資は受けなかった。創業者の思いや何故創業するかという目的は大事なことなので間違った方向ではない限りは創業者の考えをどうやったら実現できるかを常に考えて支援した。

(5)起業家後

　資金繰り表による経営状態の確認、実際に運営して出てきた問題や課題への対応策の支援を行っている。創業した時の一番の課題は集客である。サロンを認知してもらい、来店をしてもらうために最寄りの駅や近隣美容系店舗でのポケットティッシュ配布、SNS での告知、クーポンサイト活用、福利厚生代行サービスへの登録など創業者の相談にのりながら提案をしていった。開業当初、従業員は創業者のみだったが、クーポンサイトへの登録に合わせ従業員を１人雇うことになり、雇用に必要な手続きの支援も行った。顧客のリピーター化が現在の課題である。

第３節　補助金支援

　国が政策の目標達成に向けて、事業者に目的に合った事業

に取り組んでもらい結果を出すための支援として補助金を交付している。また、地方自治体や公益財団法人などでも経営革新計画支援、新製品・新技術の研究開発、販路開拓や商店街活性化などに対し、補助金や助成金を交付している。

第1項　補助金を上手に活用する

　補助金や助成金は、予算枠が決められており、公募時期も限定されるため補助金や助成金の種類や公募の時期は確認しておく必要がある。国や地方自治体の政策などの動向を調べ、補助金の対象期間にうまく事業計画の実行を合わせることで、設備投資費用や経費などが最終的に一定割合補助金により補填されるので、補助金の上手な活用は資金面でも運営面でも経営にプラスの効果を産むことができる。
　補助金の申請には事業計画書と同等の申請書類の提出が必要となる。経営者にとって中小企業診断士の活用は補助金の申請にも大いに役立つ。

第2項　補助金の種類と概要

　2015年に公募のあった補助金について紹介する。

(1)補助金・助成金を公募している機関
　中小企業庁、厚生労働省、経済産業省関東経済産業局、東京都産業労働局、公益財団法人東京都中小企業振興公社など様々な省庁や機関から補助金や助成金の公募が行われている。

(2)中小企業庁の事業者向け補助金の概要

　図表 2-3-1　は 2015 年に公募のあった中小企業庁の事業者向けの補助金の一部を一覧にまとめたものである。一覧にまとめた「ものづくり・商業・サービス革新補助金」、「小規模事業者持続化補助金」、「創業・第二創業促進補助金」以外にも色々な目的の補助金があるので中小企業庁のサイトを確認してみて欲しい。

図表2-3-1 2015年中小企業庁補助金概要

事業名	ものづくり・商業・サービス革新補助金			
助成金名称	革新的サービス【コンパクト型】	革新的サービス【一般型】	ものづくり技術	共同設備投資
認定支援機関	認定支援機関の確認要			
受付開始	平成27年2月13日			
1次締切	平成27年5月8日			
2次受付開始	平成27年6月25日			
2次締切	平成27年8月5日			
内容	革新的サービスの創出（3～5年計画で付加価値年率3％及び経常利益年率1％の向上に対する補助）		ものづくりの革新（中小ものづくり高度化法に基づく特定ものづくり基盤技術を活用した試作品開発・生産プロセスの革新）	複数の事業者が共同した設備投資等による事業革新に対する補助（付加価値年率3％及び経常利益年率1％の向上）
対象	中小企業			中小企業、中小企業の共同体
助成率	2/3以内			
限度額	700万円 設備投資不可（税抜き総額50万円未満の機械装置費は可）	1,000万円 設備投資が必要（単価50万円以上）	1,000万円 設備投資が必要（単価50万円以上）	5,000万円（500万円/社）設備投資が必要（単価50万円以上）機械装置費以外は、事業管理者の直接人件費を除き補助対象とならない
下限限度額	100万円			
充当可能費用	機械装置費、原材料費、直接人件費、技術導入費、外注加工費、委託費、知的財産権等関連経費、運搬費、専門家経費、旅費費、クラウド利用費※対象とならない経費は公募要領参照			
申請書類	・ものづくり・商業・サービス革新補助金事業計画書一式（様式1、様式2）・認定支援機関確認書・決算書（直近2年間の貸借対照表、損益計算書、個別注記表）・定款若しくは登記事項証明書・会社案内等事業概要の確認ができるパンフレット等・「3～5年計画で「付加価値額」年率3％及び「経常利益」年率1％の向上を達成する計画書」（様式2(2)事業計画の詳細を別紙として記載する方のみ）※革新的サービス、共同設備投資の場合			
助成期間	交付決定日～平成28年9月15日			

事業名	小規模事業者持続化補助金	創業・第二創業促進補助金	
助成金名称		創業補助金	第二創業補助金
認定支援機関	全国の商工会議所経由	認定支援機関等の確認要	
受付開始	平成27年2月27日	平成27年3月2日	
1次締切	平成27年3月27日	平成27年3月31日	
2次受付開始	ー		
2次締切	平成27年5月27日	電子媒体は平成27年4月3日	
内容	・販促用チラシの作成、配布 ・販促用PR（マスコミ媒体での広告、ウェブサイトでの広告） ・商談会、見本市への出展 ・店舗改装（小売店の陳列レイアウト改良、飲食店の店舗改修を含む） ・商品パッケージ（包装）の改良 ・ネット販売システムの構築 ・移動販売、出張販売 ・新商品の開発 ・販促品の製造、調達 などの支援	新たな需要を開拓する新商品・サービスを提供する創業者に対して、店舗借入費や設備費等の創業に要する費用の一部を支援	事業承継を契機に既存事業を廃止し、新分野に挑戦する等の第二創業に対して、人件費や設備費等に要する費用の一部を支援
対象	小規模事業者 ・卸売業・小売業 　常時使用する従業員の数 5人以下 ・サービス業（宿泊業・娯楽業以外） 　常時使用する従業員の数 5人以下 ・サービス業のうち宿泊業・娯楽業 　常時使用する従業員の数 20人以下 ・製造業その他 　常時使用する従業員の数 20人以下	募集開始日以降に創業する者であって、補助事業期間完了日までに個人事業又は会社・企業組合・協業組合・特定非営利活動法人の設立を行い、その代表となる者	個人事業主、会社又は特定非営利活動法人であって、公募開始日の前後6ヶ月以内かつ補助事業期間完了日までの間に事業承継を行った者又は行う予定の者。また、公募開始日から補助事業期間完了日までに既存事業以外の新事業を開始すること
助成率	2/3以内	2/3以内	
限度額	50万円 ただし、 (1)①雇用を増加させる取り組み、②従業員の処遇改善を行っている事業者、③買い物弱者対策に取り組む事業者については、補助上限額が100万円 (2)複数の小規模事業者が連携して取り組む共同事業の場合は、補助上限額が「1事業者あたりの補助上限額」×連携小規模事業者の金額（500万円が上限）	200万円	200万円 既存事業を廃止する場合は、廃止費用として800万円
下限限度額		100万円	
充当可能費用	①機械装置等費、②広報、③展示会等出展費、④旅費、⑤開発費、⑥資料購入費、⑦雑役務費、⑧借料、⑨専門家謝金、⑩専門家旅費、⑪車両購入費、⑫委託費、⑬外注費	①～③の条件をすべて満たすもの ①使用目的が本事業の遂行に必要なものと明確に特定できる経費 ②交付決定日以後の契約・発注により発生した経費（※） ③証拠書類によって金額・支払等が確認できる経費 ※人件費・店舗借入費・設備リース費について、交付決定日より前の契約であっても、交付決定日以降に支払った費用は対象 ※公募要領で記載の【対象となる経費】が対象	
申請書類	・経営計画書（様式2） ・補助事業計画書（様式3） ・その他必須提出書類（様式1、様式4、様式5、決算書類） ・その他任意提出書類（PR書類、見積書）	・事業計画書（様式1、様式2）※ ・認定支援機関通知書（写し） ・※を記録した電子媒体（CD-R等）（電子申請の場合は不要） ・補足説明資料 ・添付書類（住民票、確定申告書類など）	
助成期間	交付決定日～ 1次締切採択分：平成27年10月31日 2次締切採択分：平成27年11月30日	交付決定日～平成27年11月15日	

第3項　補助金申請のポイントと手順

　補助金の公募要領には「ものづくり・商業・サービス革新補助金」であれば「審査項目」、「小規模事業者持続化補助金」

であれば「審査の観点」、「創業・第二創業促進補助金」であれば「選考　主な着眼点」など審査時に何を審査されるかが明確に記述されている。審査基準を押さえた申請書の内容になっていること、申請書類に不備がないことが採択されるための重要なポイントとなる。

　ここでは小規模事業者継続化補助金の申請手順についてみてみよう。

(1)補助金申請の流れ

　補助金の申請から交付までの流れは図2-4-2の通りである。

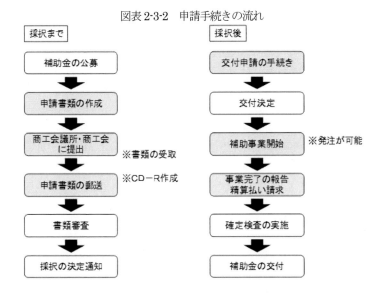

図表2-3-2　申請手続きの流れ

(2)申請書の作成順

　筆者は申請書を作成するためのワークシートを用意して、

経営者に全体の流れを説明したう上で、①〜⑧に掲げた順番にワークシートを埋めてもらい、申請書の作成に入るように支援を行っている。
　①理念、実現したいことを明確にする
　②現状分析（SWOT）
　③事業ストーリーの構築
　④事業ストーリーの具体化
　⑤具体的な目標設定
　⑥計画立案
　⑦審査基準への対策
　⑧補助事業費の確認

(3)注意点
　①まずは全額自分で資金調達が必要
　②補助金は雑収入に計上される
　③申請額と採択され易さは無関係
　④採択後も事務手続きなどがある
　⑤収益によっては返納することもある

(4)審査のポイント
　①基礎審査
　・必要な提出資料がすべて提出されていること
　・補助対象者および補助対象事業の要件に合致すること
　・補助事業を遂行するために必要な能力を有すること
　・小規模事業者が主体的に活動し、その技術やノウハウ等を基にした取組であること
　②加点審査
　・自社の経営状況分析妥当性

・経営方針、目標と今後のプランの適切性
・補助事業計画の有効性
・積算の透明、適切性

第4項　補助金支援の事例

　筆者がよろず支援拠点の依頼で小規模事業者継続化補助金の申請の支援をした事例を紹介する。2015年の2次締め切りに応募し、採択された事例である。

(1)概要
　業種：サービス業（日帰り温泉）
　所在地：静岡県
　補助事業：「高齢者をいきいき元気にする、高齢者日帰り湯治」
　支援回数：2時間×3回

(2)支援内容
①1回目
　小規模事業者継続化補助金の申請手続きや揃える書類を説明し、作成手順に合わせて作ったワークシートを使い、経営者及び補助事業責任者に対し、説明と質問をしながらワークシートを埋めてもらった。理念・実現したいことを明確にして、自分たちの強みを活かして補助事業をやることで売上アップにつながり、波及効果で顧客や地域にもメリットがあることを申請書で表現することが重要だと伝えた。
　依頼を受けたのが5月15日で2次締め切り日も近かったため、SWOT分析も強みと機会の洗い出しに重点を置くな

ど、短い期間でできるように工夫をした。補助事業でやりたいことについての思いが強すぎて、経営者と補助事業責任者だけで作ろうとすると、拡散し、うまく整理やまとめることができないとのことだった。申請書に落とし込めるように経営者と補助事業責任者の考えていることを書きだして整理して、ストーリーに組み立ててもらうことが主な支援内容だった。ワークシートで整理したものを申請書に記入してもらうことを次回への宿題とした。

②2回目

　記入してもらった申請書を基に、理念・実現したいことから補助事業を実施するまでの流れがストーリーとして一貫性をもっているかを確認し、記入内容についてアドバイスをした。売上目標を作成するための販売計画作成の事例を説明の上、フォームを渡し、補助事業の販売計画（経費含む）を作成してもらうことを次回への宿題とした。

③3回目

　販売計画で作成した内容が第3者に説明できるものになっているかを補助事業責任者に確認し、その売上や経費が申請書の売上目標や経費明細表にも反映していることを確認した。その日の夕方によろず支援拠点の担当者に申請書を

見てもらい OK であれば商工会議所の推薦をもらう段取りになっていたので、最終版として提出できるレベルになっているか、確認と修正を補助事業責任者と行った。

申請書作成の支援が依頼を受けた業務だったのでよろず支援拠点へは同行しなかったが、無事にその日に商工会議所の推薦をもらい、補助金申請をし、採択された。

第 4 節　研修講師

第 1 項　研修講師とは

図表 2-5-1 に挙げたように、中小企業診断士には、講演、教育訓練という重要な仕事があり、研修講師の経験の長い筆

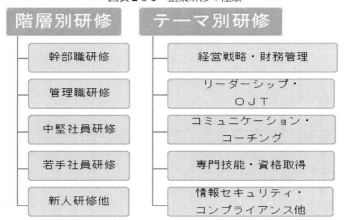

図表 2-5-1　企業研修の種類

者が研修講師とはどんなものか紹介する。
　研修には大きく分けて、企業の階層別研修とテーマ別研修がある。階層別とは、新人、中堅社員、初級管理職、幹部職などだが、中小企業の中には、研修を受講する経験がほとんどなく、研修を受けて初めて部下のマネジメントとは何か、を知る人たちも多い。従って、このクラスの研修は有効であり、また吸収も速い。テーマ別もある経営手法を導入する際に従業員が一斉に受講することが多く、こちらもせっぱ詰まるためか、研修内容をよく吸収してくれる。

第2項　管理者研修

　私の属するガス業界だけではなく、中小企業はある程度の規模になると、階層別研修の必要性が出て来る。小規模企業のうちは、トップからのマネジメント層までの距離が近いのだが、規模がある程度大きくなると、トップから担当まで距離が遠くなって、部門別・階層別に役割分担を明確にするため、階層別のマネジメント研修が必要になるからだ。
　筆者も、ガス業界の数社について、マネジメント研修を主催しており、その事例について記述する。

【管理者研修の例】
　都市ガスと公共事業を受注する建設会社、マネジャークラスに将来の幹部候補を早く作りたい。4日間(7時間／日×4か月) 研修は、講義とグループ討議からなる。研修内容について、いくつか紹介しよう。

テーマ	午前	午後	研修後課題
1日目 経営	経営の基本と財務	SWOT分析 因果関係分析	職場のSWOT分析
2日目 人事	社則、人事考課	最近の人事労務課題	1分間プレゼン
3日目 人材育成	リーダーシップ 仕事の教え方	コーチング OJT	部下のOJT計画
4日目 リスク管理、プレゼン	リスクマネジメント、リスクマップの作成	プレゼンテーション	

図表2-5-2 管理者研修の例

(1)SWOT分析、因果関係分析

　会社の置かれている状況から、S(強み)、W(弱み)、O(機会)、T(脅威)を出し、これらの組合せから会社の課題や方向を出そうとするものがSWOT分析である。多くの会社の分析に使われている。そして出された弱みについて本質的な課題を突き止めるのが、因果関係分析だ。

　ガス業界でこの分析を行うと、ほとんどの会社のトップの課題は「人材不足、人材育成の必要性」が出て来る。ほんとに深刻なんだろう。

(2)人事考課プロセス

　日本の企業の大半は、職務遂行能力をベースにした職能給制度を採用している。これは仕事が変わった時でも共通して使える便利な制度だが、期末に人事考課をしないといけない。

　この研修は、人事考課の陥りやすい誤りを講義した後、事

例を何ケースか検討する。Aさんの行動について、まず受講者個人が5段階で評価する。その後グループで評価をするのだが、メンバー間で評価が2段階異なる場合が出て来る。2段階違うということは、3を平均にすると4と2、つまり一人の行動をやや良いとする考課者とやや悪いとする考課者がいるということになる。同じ会社でこれはまずい、これを徹底的に議論し、収束させるのである。この作業を通じて、人の評価の仕方を身につけることになる。

(3)仕事の教え方

日本の製造業が昔から実施しているTWI(トレーニング・ウイズ・インダストリー)の一部である。上司に仕事の教え方の気づきを与えるものだ。

まず、講師が受講生に、写真のような2本の電気コードを結んで見せる。そして次に受講生に実際にやってもらう。一見簡単そうだが、これがなかなか難しい。筆者の経験では、平均7回ほど傍でやって見せてようやく結べるようになる。

図表2-5-3　電気コード結び

そして講師が、「あなたの部下も同じことを思っていますよ」と言い、受講生に教える難しさを実感してもらうというものだ。最後に、自分ならどんなマニュアルを書くか。電気

コード結びのマニュアルを書いてもらう。皆さん、教えられる側の気持ちになって丁寧に書く。

(4) コーチング
　コーチングとは、部下の気づきを促し、能動性を高める手法で、ふだんの部下指導や期末の面接時等でコミュニケーションが活発になる、という効果がある。
　コーチングの3つ基本スキル、傾聴、承認、質問を学習し、受講生同士でコーチングの演習を沢山やる。初めは「石の地蔵さん」。コミュニケーションの大切さを学ぶため、一方が石の地蔵さんになったつもりで相手の言うこと聴く。話し手は何と話しにくいことだろう。そして徐々にコーチングのスキルを入れて、話やすくしていく。最後は講師が「時間です、終わり」、といってもまだ続くようになる。研修によっては、最後に業務計画や結果評価の期末面接を、コーチングテクニックを入れて、演習することも実施している。研修プログラムのうち、このコーチング研修が、一番実感して理解できるという評価を戴いている。

(5) リスクマップ
　管理者ならではの研修である。管理者になると日常では起こりそうもない事柄についても、常に考えておかないといけない。まず、ガス業界の色々なリスクを過去に発生したものも含めて学習する。次に、受講生の職場のリスクを書き出す。そしてこれを4分類する。「影響の重大さ」の大小、「発生頻度」の大小の組合せだ。そして各々の象限に応じて対策を考えていく。

こんなことをわざわざしなくても、概ね対策は取っている、と普段なんとなく考えていたことが明確になる。

(6)プレゼンテーション

経営幹部になると人前でのプレゼンスキルも重要になる。筆者の研修では、受講生にテーマを与えて、パワーポイントによる資料を作ってもらい、一人15分程度のプレゼンテーションをやってもらう。テーマは、業務上の課題とか、来年度の業務計画などだ。研修前は使えなかったパワーポイントも使えるようになり、全員立派なプレゼンができるようになる。そして、この日は会社幹部の方に来てもらい、質問をしてもらう。筆者の研修では、もう百数十人がプレゼンしている。そして、この後、打ち上げだ。

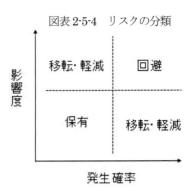

図表2-5-4　リスクの分類

第3項　新人研修

研修で需要の多いのが新人研修である。読者も社会人一年生のときは受講された方も多いのではないだろうか。新人研修では、社会人としての心構えや、マナー研修、合宿して、コミュニケーションの意思疎通を図るなど数多くの種類がある。ここでは私の実施した研修について紹介する。

(1) 社会人としての心構え

講師によって内容がぶれてはならないと考え、「ビジネス能力検定3級テキスト」を人数分購入し、これをベースにして読み合わせ、演習・グループ討議を行った。これにより、毎年質の高い、均一な内容を指導することができた。

図表 2-5-5 ビジネス能力検定テキスト

(2) フォロワーシップ研修

世の中には、リーダーシップ研修は数多く存在する。しかし新入社員に求められるのは、リーダーシップ（指導者）ではなく、フォロワーシップ（部下力）である。この研修では、限られた時間にチームでストローを使ったタワーなどを組み立てる。チームワークを学んでもらうのだ。

そして、チームワークの中で自分のフォロワーシップが、どのようなスタイルなのか、設問により判定し、その対策を考える。私の講座では、知り合いの中小企業診断士に依頼して、実施

図表 2-5-6 ストロータワー組み立て演習

している。このように自分が専門でない場合も診断士のネットワークを活用して仕事をこなせるのである。

(3)最終日

プレゼンテーション私の新人研修では、研修の全期間を通じて、その成果をパワーポイントにしてプレゼンテーションしてもらっている。発表時間は、一人15分。自己紹介から、大学時代の卒業研究、入社の動機、研修中に学んだこと、そして最後にこれからの抱負を発表する。相手は、会社の経営陣である。もちろん事前にプレゼン演習し、必要なところは修正している。大企業では、新入社員が社長にプレゼンするなどあり得ないが、中小企業の場合、機動力を発揮して、このようなことが可能になっている。プレゼンは毎年レベルアップしており、好評を戴いている。

第4項　テーマ別研修の例

企業の教育ニーズには、第2項の階層別研修、第3項の新人研修とともに、企業の求める経営機能に応じて実施する研修がある。筆者もガス業界、建設業界を中心に目標管理や、キャリアコンサルティング、OJT等の研修を実施している。ここでは、テーマ別研修としては実績の多い、OJT研修について紹介する。

(1)OJTとは

OJTは会社や職場で必要とされる固有の知識、技能などを上司や先輩が指導援助して伸ばす方法で、実務を教育手段とするため、実施方法さえ間違わなければ、きわめて効果の高い教育手法である。

ところがこの「OJT」という言葉、簡単で便利なため、誤用されるケースが多いようだ。例えば、「彼は、あの職場に

まだ半年だ。OJT のレベルだよ」とか、「あの職場で 2 年 OJT すれば、もう大丈夫だよ」とかだ。OJT の書籍は書店に行くと沢山売っている。それほど OJT は色々な方法があるのだが、ここでは筆者の企業時代に実施した OJT、現在管理者研修で教育している OJT について、お話ししたい。

①計画的に
　本人の現状レベルと、目標とするレベルを明確にする。これで、そのギャップがわかり、育成目標が明確になる。

②重点的に
　上司は、部下育成の全責任を持っている。従ってあれもこれも要求するのはわかるのだが、この際優先的にアップさせる能力は何か、重点的に指導するのは何か、を絞ることだ。そして評価をしやすいように、期間を区切ることが必要である。

③業務を通じて
　業務を通じて、がポイントだ。ペアで仕事をするときや、仕事の分担をするとき、書類の決裁をするとき、会議の進行を任せたり、発言を促したり、と日常の業務では沢山の機会がある。この機会を見逃さないでやることだ。筆者は、計画的に、重点的に、業務を通じて、の 3 点を含む OJT を、普通の OJT と区別するため「計画 OJT」と呼んでいる。

(2) OJT の実施ステップ
　次に、OJT を進めるステップについてお話しする。まず、

①上司、部下がOJTに関する理解をするところから始まる。筆者の指導した会社の中には、このOJTに対する理解が不十分だったため、初め、部下は何を言われているのか、理解できないようであった。

②次に、OJTを確実に実施するため、計画書を作る。別に上司がいつも指導する必要はない。先輩社員をトレーナーと称して指名すればいい。また、計画書という書類を作るのが目的ではないため、自分で様式をアレンジして、簡単なものでもよい。またこの際大事なことは、指導する先輩社員やトレーナーはそれを自身の業務計画に入れて、自身の業績評価の対象とすることだ。

③できれば、上司・トレーナーに指導方法の機会を作るのがよい。指導者側はわかっていても、部下は案外わかっていないものだ。筆者の研修コースでは、電気コード結びのような経験もできるような機会を設けている。

④OJTを業務に組み入れる。上司やトレーナーは、これが日常で最も大切な仕事になる。

⑤育成後の成果把握・フォロー。筆者は、OJTのトレーナーのほかに、その仕組みを作った。上司や組織の長が半年に1回程度

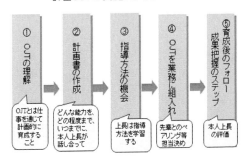

図表2-5-7　OJTの実施ステップ

計画OJTの実施ステップ

決裁をして、進捗を確認していた。一人の人間を育てる大事な仕事だ。このくらいのチェックは必要と思う。

(3)OJT計画書

　筆者の主催する管理者研修では、必ずOJT計画書を作る演習を設けている。誰でも費用をかけずに、手軽にでき、そして効果の高い人材育成手法であるためだ。

　筆者の研修では、研修中に計画書を作り、それをもとに部下と面接し、OJTを実際に実行してもらう。そして翌月にその結果を中間報告してもらう。この計画OJTは、初めは戸惑うが、慣れて来たら効果を発揮する。

第5項　資格受験研修

　中小企業診断士は、ほとんどの方が、各々出身の業界を持っており、その業界ではプロである方が多い。そして業界の何らかの資格をツールとして保有している。この項では、

図表2-5-8　ガス講座試験の講座体系

段階	内容	区分
動機付けの段階	・資格取得の意義・心構え ・出題傾向・学習方法	動機づけ
科目学習の段階	・基礎理論、ガス技術、法令講義、問題演習 ・論述試験演習・添削	学習・演習
直前対策の段階	・重要問題の演習 ・模擬試験と採点・合否予測 ・今年の出題予想	直前対策

ガス業界出身の私の資格受験講師の例を紹介する。
　一言で受験指導といっても幅広く、受験前の心構えなどの動機付けをする段階、実際に内容の講義と演習問題を指導する段階、模擬テストや最後の対策を指導する直前対策などに分かれ、図表2-5-8の通り体系化している。

(1)動機付けの段階
　ここでは、資格取得の意義、心構えや試験問題の出題傾向、そして科目別の学習方法をレクチャーする。動機付けが主なため、資格取得時の社内の評価や実務に役だったことなどを話す。社内の学習会のキックオフとして外部講師が呼ばれるのがこの講座である。私はこの講座を何度も担当して、その経験から業界試験のノウハウ本を執筆できた。

(2)学習・演習の段階
　次は、学習の段階。こちらは毎月1～2回、合計数回の講座を受け持つ。資格試験は自己啓発であるため、原則は土日または平日夜間の講座となる。ポイント解説➡演習問題➡解答解説を繰り返し、途中、中間テストや模擬テストを行う。模擬テストの後は、個人面談を行い、試験までの残りの期間の学習方法をアドバイスする。講座の内容は基本的には同じため、複数社受け持つと、収入が多くなる。この段階も講座を繰り返し、講座資料を使って模擬問題集を出版できた。この問題集は現在改訂三版まで進んでいる。また著作権は自分にあるため、自由に使用・改変が可能で便利である。
　また、この講座の内容をスタジオで収録し、動画講座としても利用している。動画講座は自宅に居ながらにして、ライブ感覚で学習できる。質問もメールでもらうため、学習者が

どこに疑問を持つのかわかる。以前の郵便による質問より、格段にレスポンスも早く、いろいろな質問により、講師側である自分も鍛えられるメリットもある。

(3)直前対策

　最近始めたもので、試験まであと1か月など、残り期間が限られてきたときに、講座の注文を戴く。ここでは、直前期の学習方法、頻出問題の紹介、論述試験のテーマ予想などが、受講生のニーズを満たすようである。

第6項　プロ講師養成講座

　中小企業診断士は、資格取得後、ほとんどの人が中小企業診断協会に入会する。ここには各種専門分野の研究会や教育機関が沢山待っている。診断士資格を取った後も、さらに実力を充実させるための養成コースもある。この項では、その教育機関の一つ、「プロ講師養成講座」を紹介しよう。コースの期間は1年間、毎月1回の講座である。コースの前半は、新任管理者研修のノウハウ伝授で、後半は受講生が作った「研修商品」のプレゼンテーションと評価である。筆者は、通算4年間この講座を受講している。

図表2-5-9　第15期プロ講師養成講座のカリキュラム

7月	プロ講師心得、人材育成の基本、研修企画書の作成演習
8月	資料の作成方法、TWIの基本、トレーナーマニュアル
9月	管理者研修のイントロ時代の構造変化、経営理念、企業活動
10月	経営の数学、経営分析、マネジメントスキル、管理の基本
11月	問題解決、定性問題の因果関係分析、開発テーマの決定
12月	企業組織、組織原則と組織感情、役割行動分析、プレゼンのコツ
1月	管理者の判断、人間関係の基本、コミュニケーション
2月	職場士気、動機づけ、プレゼン実習、VTR撮影
3月	集団のメカニズム、プレゼン実習、VTR撮影
4月	変革のリーダーシップ、プレゼン実習、VTR撮影
5月	ロールプレーイング、プレゼン実習、VTR撮影
6月	管理者の処置ケーススタディ、行動科学の体験学習、プレゼン実習、VTR撮影、コースまとめ、修了式

(1)管理者研修の講義

　コース前半は、管理者研修の講義である。戴いた資料は、受講生が自分の研修としてそのまま使用してよいという破格の条件だ。事実私も初めの頃は、自分の研修商品に作成の段階で大いに利用させてもらった。感謝している。

(2)研修商品の発表

　そして後半はいよいよ受講生の研修商品の発表である。みな工夫を凝らして作ってくる。発表時間は時間の関係で、その研修のサビの部分1時間半程度だ。VTRにも収録する。発表者以外の受講生は、プレゼンの採点にあたる。プレゼンの後の質疑も採点の対象だ。厳しい質問、答えにくい質問ほど良いという。本番の研修で失敗したら、先方からは何のお咎めもない、ただ次回はもう結構です、と言われるだけである。従ってウチウチの場ではどんどん指摘されたほうがいいのである。

　私の受講年で、このコースの発表会でさんざん指摘を受けた方がいる。本人は相当ショックだったようだが、先日、ある商工会議所の講演会で、講師をされていた。聞きに行った人によると、どうしてどうして、中小企業の経営者を相手に堂々とした講演だった。こうして診断士もプロ講師として育っていくのである。

(3)受講生の悩み

　受講生の悩みを一言。せっかく自分の研修商品を作っても、それを使う機会がない。つまりお相手の企業さんが見つからないという悩みを聞く。本書を読まれている読者の方は、中小企業の経営者や管理者の方が多いと思われるが、興味を持たれたら、巻末の一覧に執筆者の連絡先、ホームページを載せているのでご参照下さい（一部執筆者のみ）。

図表 2-5-10　第 15 期プロ講師養成講座　開発研修商品の一覧

No	開発研修商品（受講生の連絡先は巻末を参照）	受講生
1	係長研修	折笠　勉
2	管理・間接部門の管理職研修	酒井　眞
3	価値創造マーケティング研修	関　政己
4	失敗しないための目標管理	染谷　博文
5	ファシリテーションで職場活性化	大工原幸人
6	営業職、中堅社員、新任管理者研修	竹尾　伸一
7	営業は二割打者で行こう！！	中保　達夫
8	問題解決力アップの思考法研修	橋田　宏信
9	ビジネスモデルのイノベーションによって会社を変える目標設定実行研修	吉田　成雄
10	即効！チームビルディング研修	和氣　俊郎
11	ガス業界のOJT&コーチング研修	上井　光裕

第 3 章
経営課題別業務内容②

- 経営戦略策定
- 営業・販売促進
- 財務・資金繰り
- マーケティング
- IT導入支援
- 生産管理

第3章 経営課題別業務内容②

経営戦略策定、営業・販売促進、財務・資金繰り、マーケティング、IT導入支援、生産管理

第1節 経営戦略策定

第1項 経営戦略とは

(1)戦略の階層構造：

まず経営戦略の全体的構造だが、下位レベルから戦闘（Combat）→作戦（Operation）→戦術（Tactics）→戦略（Strategy）→理念（Vision）という階層からなる。経営理念は最上位概念として企業体の目的をミッション・ビジョンの形で示し、価値観として時空を越えた方向性を定義する。戦略はこの理念に沿ってダイナミックに環境に適応すべく適宜変更されるもので、「中長期的に何をなすべきか」を規定する。これに対して戦略の下位の概念は、戦略を具体的に細分化した「短期的にどのように戦略を実行するか」を示した戦術であり、多分に業務的な内容である。作戦と戦闘はこうした戦術の統制下で最前線にて実行に移される極めて職務的な内容となる。

図表 3-1-1　戦略の階層構造

　なおもし組織としての戦略が存在しない場合は、戦略的意思決定自体が「場当たり的」となり、組織としての統一性も無く、シナジー効果を出す以前に逆効果になるおそれがある。戦略はいわば養殖池の中の水流であり、多くの魚が統一的な泳ぎができ呼吸と食餌をするためにも、水流の方向性を定めることはとても重要である。

　また封建的な軍隊組織ではチャンドラーが唱えた如く、当初は「組織は戦略に従う」が、実際の組織が機能開始した後には組織防衛力が戦略を凌駕しがちである。そしてアンゾフが唱えた如く「戦略は組織に従う」といった逆転した関係が構築される場合が多い。この場合、戦略では無く組織が勝手に独り歩きを始めることとなり、戦略の徹底と組織活性化のためには、組織自体の改革を頻繁に繰り返す必要性が生じてくる。

　なお昨今の「戦術論から戦略論へ」と経営者の役割の高度・複雑化が必要となった主な背景は、企業を取り巻く外部環境としての「顧客ニーズの多様化、競争激化、国際ボーダーレ

ス化、少子高齢化、IT情報化の急速な進展」がある。もはや以前の様には余裕がなくなり、小手先の戦術論だけでは、企業の勝ち残りを目的とした業態変革は困難である。こうした認識から、21世紀型の戦略経営に必要な"戦略フレームワークを活用した慎重かつ大胆な経営戦略の策定と実践"が企業経営にとって不可欠となった。

(2)事業の定義とドメイン

　エーベルのドメイン/CFT (Customer-Function-Technique)は、「誰に、何を、どうやって」というドメインとコンセプトであり、戦略策定上の重要な点である。以前米国の鉄道会社が、単なる旅客輸送事業という狭い視野のドメインに拘泥したことにより衰退した例がある。逆にコカコーラはドメインを単なる飲料事業ではなく、人々に夢を与える事業と定義したことで現在でも隆盛を誇っている。これは、もともと花札が商品だった任天堂のファミコン・ゲームによる人々のエンターテインメント事業の発想と同じである。現在の収益源であるコア・コンピタンスから、新たなドメインをニーズとウォンツの分析から再構築することが、経営者の主要な役割ともいえる。

　つまりレビットをルーツとするドメインの再定義は、顧客・機能・技術（CFT）の軸を見直すことにある。コア・コンピタンスとされる中核技術が競合優位性と差別化の源泉となり、限定された経営資源を制約条件のボトルネックから解き放ち、企業の存立基盤を継続的に確立する基本的な戦略が「ドメインの再定義」である。

図表 3-1-2　CFT コンセプト

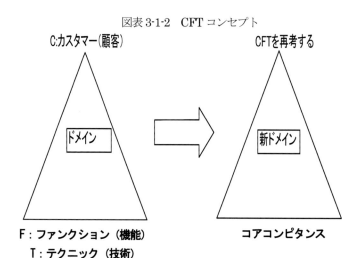

第 2 項　業界の構造分析

(1)自社の現状認識

①SWOT・現代戦略論
　企業の中核的な独自技術を外部環境の変化に合わせて再構築し、企業の継続的発展に生かすための戦略ツールとして最も強力なものとして、SWOT 分析が挙げられる。内部資源としての強み・弱み（Strength・Weakness）、外部環境としての機会と脅威（Opportunity・Threat）を勘案し、強みと機会を生かして弱みと脅威をカバーし得る戦略を策定することが経営者の役割といえる。さらに独自技術の現状を外部環境と比較して正確にその優位性を把握し、環境の変化に

対応した新たな独自技術確立の方向性を策定することが必要である。

ただ、内部資源としての弱みを強みに変えることは相当の困難性を伴い、強みを増幅する方がはるかに効率的である。従い弱みは無理せず、強みを減殺せず致命的とならない程度までの平均的レベルへの向上を目指す、という考え方も重要である。

なおSWOT分析の難関な課題は、強みと弱みの相互依存性に対する判断力にある。つまり、「強みは時として弱みとなり、弱みは時として強みとなる」現象の２面性を理解する必要がある。例えば、老舗企業は信頼性が強みだが、革新性ではマンネリを生みやすく弱みとなり得る。また販売チャネルを持たない企業の弱みは、逆にネット販売という既存チャ

図表3-1-3　SWOT分析

	Advantageプラス	Disadvantageマイナス
内部資源	Strength 強み	Weakness 弱み
外部環境	Opportunity 機会	Threat 脅威

ネルとのコンフリクトが不可避であるＩＴの新手法を利用して強みに変え得る。これはPC業界におけるデルの成功を見ても明白である。経営者は企業の経営資源の限定性が、急

激に変化する外部環境変化によりむしろ強みと認識でき得る、という柔軟な概念を持つべきである。

②クロスSWOT
　上述のSWOT分析をより体系化し、論理的にアイデアを出すことができるツールである。
　「機会×強み」(積極攻勢)は最も強化すべきコア・コンピタンスで、チャンスとなる。
　「機会×弱み」(段階対応)は、外部環境は追い風が吹くが、独自では時流に乗りきれない場合、パートナーと提携することなどで、弱みを段階的に強化する対策を打つ。
　「脅威×強み」(差別化)は外部環境は向かい風だが、強みを逆に発揮して競合他社との差別化をはかろうとする戦略。
　「脅威×弱み」(防衛撤退)は対応しきれないため、防衛策

図表3-1-4　クロスSWOT

	Strength (強み)	Weakness (弱み)
Opportunity(機会)	S x O 積極攻勢	W x O 段階対応
Threat(脅威)	S x T 差別化	W x T 防衛撤退

を考えてリスクを回避するか、撤退する戦略である。

③5つの競争要因(five competitive forces)
　M.ポーター（ハーバード大学）による分析フレームワークである。業界が果たして儲かるか、儲からないか（平均利益率、業界の魅力度、利益ポテンシャル）を明らかにする枠組みで、業界構造分析の基本的な分析ツールである。業界の既存企業間の競合と対抗度、新規参入品の脅威、代替品の脅威、売り手の交渉力、買い手の交渉力という5点からの分析で、マクロとミクロの外部環境分析が可能である。

　重要なのは、これら5点の要因をそれぞれ十分に掘り下げて分析して、背景となる源泉としての原因を十分に把握することであり、これにより前述のSWOT分析（特に強みと弱み）がさらに明確となる。

図表3-1-5　5Forces

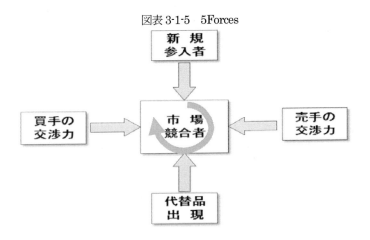

(2)競争のポジション

①ポジショニング・マップ

　競争戦略で競合他社と自社の位置づけを価格や品質を軸としてプロットするもの。もともと大まかな状況把握のためのツールで、対立概念を2軸としてマトリックスに配置し、各象限に比較したい要素や企業名をプロットして、経営戦略策定のために自社の位置付けを検討する。こうした分析は3C分析（Customer 顧客市場、Competitor 競合、Company 自社）での競合分析であり、経営者が戦略的なポジショニングを意思決定する際にとても重要である。前述の5つの競争要因の分析で競合相手の資産や能力を検討して、その強みを上回るか回避するか決めたり、逆に競合相手の弱みを攻略するかなどを判断する局面で活用できる。

　なお軸は一般的には「定量と定性」で考える。これは金額、

図表3-1-6　ポジショニング分析

少品目・低品質	多品目・高品質	
コンビニ	百貨店	高価格
当社？		
百円均一	スーパー	低価格

店舗数、ターゲットの年代など、数字でとらえられる定量的な軸と、数字では語れない定性的な軸で対立概念を構成すると比較がより鮮明となるからである。

②ブルーオーシャン戦略

　W.キムとL.モボルニュによる戦略。不毛な競争を回避し、さらにパラダイムシフトを前提として、アクション・マトリックスと戦略キャンバスを基本ツールとして使用する。ドコモのｉモード、1000円ヘアカットQBハウスや任天堂のWiiなどの例があり、競合激化の既存市場の"血みどろのレッドオーシャンでの戦い"を回避して、広々とした"紺碧の大海

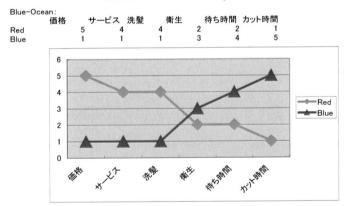

図表3-1-7　戦略キャンバス分析
＜競合他社との差別化例：QBハウス＞

＝ブルーオーシャン"で新しい価値を具現化する戦略である。商品・製品・サービスを「取り除く、減らす、増やす、付加する」といった構成要素に思い切って変更を加えて、無風競

争の新市場を創造、競争に勝利（若しくは競争自体を無意味と）する。前述のポジショニング・マップの空白地帯を攻め、埋めていく戦略ともいえる。新規需要の掘り起こしで後述の差別化、コストダウンのトレードオフ関係の打破を同時に達成できる競合回避戦略である。企業にとり示唆に富む内容となっているが、パラダイムシフトには起業家精神の発揮が必要であるため、難易度は低いとは言えない。

第3項　競争優位の実現

(1)差別化とコストリーダーシップ
　M.ポーターの競争戦略論は、差別化、コスト・リーダーシップ、集中化の3要素から成る。

①差別化戦略は、高付加価値製品により価格プレミアムを得る
　新たな製品特性やサービスの付加、高性能化、製品ラインの増加による。なお差別化には2種類ある。
　垂直的差別化（品質による差別化）は一定の属性間の組合せで、各属性のレベルを他社よりも向上させる。
　水平的差別化は、製品に含まれる属性間の組合せ、ないしはその比率が他社とは異なる。

②コスト・リーダーシップ戦略は、標準品を低コスト・低価格で提供する
　達成手段としては、本来の機能とは直接関係が無い特別な機能や付属的機能を取り除いて製造しやすい設計とする、大量生産による規模の経済、累積生産量の増加による経験効果

を利用する。
③集中化戦略は、特定セグメントや市場ニッチで差別化商品または低コスト・低価格商品を提供する

　乏しい経営資源では広範な市場での展開は困難でも、これにより戦略の実行が散漫になることを回避できるため、限定した市場にフォーカスした戦略で成功する企業が多い。

図表3-1-8　ポーター競争戦略の分析例

	集中化	分散（全面）化
差別化	ポルシェ	レクサス
低価格化	軽自動車	カローラ

(2)優位性のポイント：

　VRIO分析（バーニー）は経済価値Valuable、希少性Rare、模倣困難性Inimitable、組織能力Organizationの頭文字であり、外部環境（産業構造）よりも内部資源、特に希少性と模倣困難性が重要という理論である。組織能力・経営資源が、持続的な競争優位となりうるかを分析する枠組みで、企業が以下の場合に、持続的な競争優位を獲得するという内部環境を重視した理論である。

①環境の機会を利用して、脅威を減らす資源を持つ(経済価値)。顧客価値を創造する。
②優れた資源や特徴的な能力、戦略的提携を持っていて競争企業が少数(稀少性)。
③模倣が困難、もしくは供給が非弾力的(模倣困難性)で、他社が容易には真似できにくい。または模倣に多額の費用や時間がかかる。
④組織能力があり、上記の価値・希少性・模倣困難性を活かせる。

なおVRIOはリソース・ベースド・ビュー(経営内部資源を前提とした視点)とも言う。

図表3-1-9 バーニーVRIO戦略

第4項 将来への戦略策定

(1)成長戦略のベクトル:PMS (Product-Marke-Strategy)
戦略として実践的な活用場面が多いのは、I.アンゾフの成

長ベクトルである。これは、企業の将来の成長方向性を見極めるフレームワークで、PMS（Product-Market-Strategy）とも言われる。PMSはそもそもアンゾフが企業戦略論の中で提唱し、後にマッキンゼーが現代風に改良を加えたツールで、現状の拡張としての浸透戦略、新製品開発戦略と新市場開拓戦略、その両方の多角化の4象限からなる。新市場とは、新規顧客、新規チャネル、新規地域への同一製品の販売拡大を目指すものである。（製品に限定せず、商品・サービスと読み代えることができる。）

　この理論の背景となるシナジー効果は、2+2が4ではなく5に増える相乗効果である。またシナジーには管理・財務・投資・生産・販売シナジー等があり、基本的にはレバレッジの効く資源の「相互タダ乗り効果」を生むことができる。

　一方で相補効果(コンプリメント効果)は、複数の製品や分野がもう一方の不足部分を補い、総合的にうまく行くことで、いわば両方合わせて1人前という 2+2が4である。例えば冬場のスキーリゾートホテルが夏場を中心にテニスやゴルフ場を併設して拡大する場合である。これはひとつの資源の制約・必要条件が2分野の単なる合計に過ぎないので、直接的な相互作用が無くシナジーとは言えない。（なおアナジー効果はシナジー効果の反義語で、2+2が3になってしまう相互マイナス効果である。）

　そもそも成長戦略の方向性を、新製品開発という製品軸から捉える方向性と、新市場開拓という顧客軸から考えることは有益である。ただ両者のベクトル合体としての多角化は、現製品市場での拡張に留まる市場浸透の対極であり、残念ながら一般的には低い成功確率の位置付けとなっている。（勿論多角化でも、その内容から水平・垂直・集成・結合という

さらなる分類が可能であり、それぞれの成功確率は異なっているが。)

　実践的経験の立場からも納得できるが、それぞれも成功確率に関して浸透化戦略が約9割と高く、逆に多角化が最もリスクが高く1割程度、新製品・新市場がそれぞれ4－6割となる場合が多いとの統計的データもある（B.カーレフ他）。また一般的には、同一製品を新規市場で販売するリスクの方が、同一市場で新規製品を開発するリスクよりやや低いと考えられている。

　また最もリスクの少ないのは浸透化戦略であるが、大きな変革が伴わないことから大幅な成長も望めないことになる。そこで実務的に多用されるのは、将来の成長に向けてリスクの少ない「新市場開拓戦略ベクトル」である。現在の商品・製品・サービスを変えずに異なる顧客に販売するもので、いわ

図表3-1-10　　PMSによる成長ベクトル分析

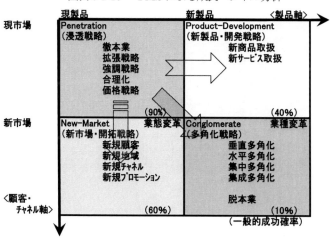

ば範囲拡大戦略である。これに対して新製品開発には常に開発失敗のリスクがあるため、顧客の信頼を損なうリスクをも加味する必要がある。そこで実践的には開発リスクを限定的にすべく現製品の若干の改善で、新市場を開拓する戦略の採用が推奨される。

(2)製品ポートフォリオ・マネジメント：PPM(Product Portfolio Management)

ボストン・コンサルティング・グループのヘンダーソンが開発した分析モデル。企業の多角化によるポートフォリオを分析して、今後の戦略を策定する場合に用いられる。背景にあるのは製品ライフサイクル(導入期→成長期→成熟期→衰退期、外部環境要因) 仮説と経験曲線効果（例えば累積生産量が2倍となると製造コストが約2割下がるという競争上

図表3-1-11　　PPM

	大　相対市場シェア　小	
高　市場成長率　低	1.花形製品 Star	2.問題児 Question Mark
	3.金のなる木 Cash Cow	4.負け犬 Dog

軸の定義

縦軸：市場成長率（％／年）
各事業の魅力と事業への追加資金需要を示す。
高／低の基準は場合による。
（例：GDP比、GNP比、5％、10％）

横軸：相対市場シェア*
各事業における自社の強みとキャッシュフロー創出力を示す。
高／低の基準は自社が業界一位である（相対市場シェア>1）か否かである。

の地位) 仮説である。企業は単一製品だけに拘泥すると、その製品のライフサイクルと共に企業自体も衰退してしまう

ことになり、永続持続的な発展のためには様々な製品を持つ必要があるとする理論である。

またキャッシュ・フロー（資金流入－資金流出）面からは、市場成長率が高いほど資金流出が大きく、相対的マーケット・シェア（自社のシェア÷最大の競争相手のシェア）が高いほど高マーケット・シェア→低コスト→高利益なので資金流入が大きいことになる。

従い、キャッシュが豊かな「金のなる木」から、成長著しい「問題児」に資金を供給して、次世代の「花形製品」に育成することが重要であり、この点を経営者として戦略策定において十分に考慮する必要がある。

第2節　営業

第1項　営業力のない会社に未来はない

(1)小規模事業者の最大の経営課題は「営業・販路開拓」

中小企業白書（2014年版）によれば小規模事業者は「既存の営業力・販売力の強化」や「国内の新規顧客・販路の開拓」等の「営業・販路開拓」が最大の経営課題になっている。販路開拓を行う際の課題として「新規顧客へのアプローチ方法」、「販売すべきターゲット市場の選定」、「商品・サービスのPR」等をあげている。国内市場は人口減少により需要縮小が深刻になるのは確実で、競争に勝ち残るためには営業力の強化が最大の課題であることは経営者も認識している。しかし、多くの中小企業においては営業力強化・販路開拓が困

難な状況にある。
(2)売上目標がない会社・営業マンの個人目標がない会社
　中小企業の営業部門、営業マンには売上目標がない会社は実に多い。売上目標は営業戦略を数値化したものである。売上目標がなければ結果の検証もできない。経営者は「売上目標」を営業に示し「進捗管理」や「結果管理」を徹底する必要がある。

(3)消費者を取り巻く環境の変化
　消費者を取り巻く環境の変化は、企業が直面する課題である。環境を読み「社会のトレンド」に乗ることは成功の秘訣でもある。言い替えれば「社会の要請」がない市場での勝負は初めから負け戦になる。社会のトレンドを読む方法としては、「社会・文化的要因」、「経済的要因」、「政治的要因」、「技術・環境的要因」の4つの切り口がある。「社会・文化的要因」としては、人口減少、少子高齢化、単身者の増大、晩婚化、非婚化などがある。「経済的要因」としては、経済成長率、景気動向、雇用環境、所得水準、消費の二極化などがある。「政治的要因」としては、規制緩和、税制などがある。「技術・環境的要因」としては、情報通信技術の進展、交通・輸送技術の進展、ネット通販の急激な拡大、インターネットの進展などがある。中小企業者にとって、何が影響をあたえるかは業種、業態によって異なるが、とりわけ人口減少による需要の縮小、高齢化に伴うニーズの変化、ネット通販の急激な拡大などへの対応が大きな課題となっている。

(4)最も重要な役割を担う営業
　日本は1980年代の半ばごろより供給過剰が進展し「モノ

余り」の時代になった。更に人口減少社会にも突入している。多くの商品の日用品化が進展し、どこでも手に入るようになった。消費者は溢れる商品やサービスに囲まれる中で何を欲しているだろうか。モノ・サービスの機能・価格だけを訴求しても消費者の感性には響かない。自分のライフスタイルに付加価値を与えてくれる商品やサービスを求めている。モノやサービスを通して得られる「心の豊かさ、心の充足」である。流通している商品の価格や性能などを簡単に比較できるWebサイトも充実しており、機能や価格だけでは「差別化」が困難になっている。「顧客価値」を提供するのが営業である。溢れる情報の中で個性のある創造的な「売り方」や「提案の仕方」などが売上を決定づけ、経営力を左右する「営業力の時代」になっている。

第2項　営業の誤解

　「いい商品」であれば売れるだろうか。消費者が自然に認知して自主的に買ってくれるだろうか。必要がない人に「いい商品」だと言っても必要のない商品を買う人はいない。売り手が「いい商品」だと言っても価値が分からない人や、価値を認めない人には無価値なモノに過ぎない。必要がある人がいたとしても商品・サービスの良さが消費者に届かなければ存在さえ分からない。そのために営業活動や宣伝・広告などの販促活動がある。どんな一流ブランドの商品でも繰り返し強力にアピールしなければ全く売れない。商品・サービス自体の評価ではなく、ニーズがある顧客にニーズを充足させることが売れる条件であり、営業活動の目的である。

事例1：全く売れなかった商品が大ヒット
　他社に負けない優れた商品であっても「必要としている人」に伝える方法（販路）がなく、全く売れなかった商品をヒット商品に変えた事例がある。「自社の商品は他社よりも優れたモノなのになぜ売れないのか」を悩み続けていた理美容バサミメーカーG社（千葉県）の事例である。大手理美容メーカーの同僚4人で設立した会社だ。『より良いハサミをつくりたい』と、理想に燃える技術者と実績のある営業マンが揃えば売れると軽い見通しでスタートしたが全く売れなかった。そこには理美容業界の強固な壁があった。理美容業界は流通が確立されていて、販売代理店を通さずには売れない。無名ブランドのハサミは代理店にも相手にされず販路開拓は全くできなかった。いくら高品質なハサミを製造しても全く売れないことを意味している。そこでG社は、どのメーカーも実施していないオリジナルなサービスを考案し直接顧客に訴求をはじめた。それは、修理を依頼されたハサミをお客さまにお返しする際、ちょっとしたコメントを添える、というものだったが、見事に顧客の心を捉え、評判が評判を呼び大ヒット商品に成長した。他社より優れた商品であっても、これまでの業界の流通慣習による制約によって売ることができなかったが、顧客への直接販売という販路を開拓することによって成功した事例である。

　　　　　　　　　　　　（出典：小規模企業白書2015年版）

　第3項　営業で一番大事なこと

(1)営業戦略の欠如が全てをダメにする
　営業戦略とは売上目標達成のために考え抜かれたシナリ

オである。限られた経営資源で最大の効果を得るためには完成度の高いシナリオを明確にし、シナリオが機能するような「仕組み」を作ることである。シナリオがあれば効率の良い営業展開ができ、結果の検証も可能になる。シナリオがなければ場当たり的な営業に陥り「労多くして益なし」で成果も出ない。営業戦略は何を根拠に策定されるだろうか。それは事業戦略である。事業戦略を遂行するための営業面の戦略策定が営業戦略である。事業戦略策定の方法にはいくつかあるが、よく使われる手法に「クロスSWOT分析」がある。自社の「強み」、「弱み」を内部環境として分析し、「機会」、「脅威」を外部環境として分析する方法であるSWOT分析を基に戦略を立案する手法である。「クロスSWOT分析」によって「自社の強みを活かして機会を勝ち取る」というビジネスチャンスの内容と方向性が明確になる。分析結果を根拠に事業戦略を確立し、営業戦略に落とし込み、より実践的な営業戦術を立案し実行することである。

(2) ターゲット顧客・ターゲット市場の明確化

顧客は自社の商品・サービスに何を求めるか。自社の商品・サービスを必要としている顧客はだれか。顧客の属する市場はどこにあるか。販路開拓で重要なことは、自社の商品・サービスを「顧客視点」で考え抜くことである。マーケティングでは、市場細分化が知られている。市場を地理的細分化・人口動態的細分化・心理的細分化・行動による細分化などの切り口で区分化し、ターゲット市場を把握する手法である。細分化市場における顧客特性が明らかになることで戦略が立てやすくなる。市場細分化戦略は大企業でも実行しているが、特に経営資源の乏しい小規模企業にとっては有効で、次のよ

うなメリットがある。

①経営資源の集中
　市場を絞り込むことにより、ターゲット市場へ経営資源を集中することが可能になる。
②ニッチな顧客ニーズに対応
　多様化した顧客ニーズを把握し、ニーズを充足させることで市場開拓が可能になる。大企業が決して参入できない、きめ細かい「ニッチな市場」に対応できる。
③競争優位
　競合他社と自社の違いを明確にすることができることによって、他社が進出できない市場での勝負ができるようになる。

事例2：顧客ターゲットを絞って商品開発
　シューズメーカーのアキレスが速く走れるシューズを開発した。商品名は「瞬足」である。特徴は「左右非対称ソール」で、左回りに特化したソールになっているため運動会の競技でも威力が発揮できるシューズである。コンセプトは「速い子はより速く、苦手な子には"夢"を」である。ターゲットは小学生である。運動会で速く走りたい子供たちの思いを実現する靴である。小学生たちの速く走りたいといウォンツを形にすることで価格競争に陥らないヒット商品になっている。「瞬足」は、ターゲットを「運動会で速く走りたい小学生」に絞り込んでいる。市場細分化理論で言えば年齢を小学生に絞った「人口動態的細分化」とベネフィットを速く走れることに絞った「行動による細分化」の二つのセグメントに対応している。

(3)交渉スキルも訪問回数も戦略がなければ意味がない

　営業マンが自社商品のアピール力があるかどうは売上を左右する。豊富な商品知識と交渉スキルも必要である。訪問を重ね人間関係を築き、自社の商品を選んでもらうのも方法である。業種・業態に関係なく必要な営業力である。誤解してはいけないことは、これらの営業スキルも明確な営業目標・営業戦略があって初めて戦力化されるということである。

第4項　「売り先」が全くなかったらどう考えるか

　優れたアイデアマンである技術者がある製品を開発したとしよう。ところが「売り先」がなく、どのように販売するのがよいかがわからない場合、営業部門や営業担当者はどのように考えるだろうか。市場に切り込むには2つのポイントが考えられる。

(1)自社の商品・サービス
①顧客視点で商品をみる。
　この商品を必要とする顧客はいるだろうか。
　顧客のニーズを満足させることができるだろうか。
　顧客の「困り事」を解決できるだろうか。
②市場規模・市場成長率
　その商品を必要としている顧客の市場規模はどれほどあるか、また今後の成長は見込めるだろうか。
③販路
　ニーズがある顧客と接点がある販路があるだろうか。

(2)市場での競合他社の脅威

　同様の商品を他社が既に販売していないだろうか。その場合、他社に比べ自社の優位点・強みは何か。

　以上の2つのポイントを基に商品・サービス、顧客、市場、競合を想定し「仮説」を立てる。マーケットリサーチを徹底して行い「仮説」を検証することである。顧客や流通業者を実際に訪問して検証するのも大切である。中小企業・小規模事業者の販路開拓においては市場把握のための情報収集や分析ができないケースが多くみられる。商工会議所などの機

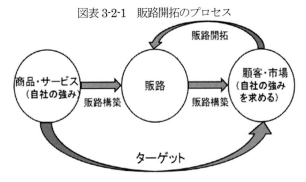

図表3-2-1　販路開拓のプロセス

関に相談するのも方法である。

　図表3-2-1は自社商品の販路開拓のプロセスを簡略化したものであるが、市場では競合他社の脅威がある。市場における競合他社・顧客・自社を取り巻くビジネス環境を把握する「3C分析」や市場において自社商品と他社商品との位置関係を把握する「ポジショニング分析」なども有効活用して戦略を考えることである。また、昨今はインターネットを活用した販路開拓も多くみられ、特にホームページの役割は大き

くなっている。

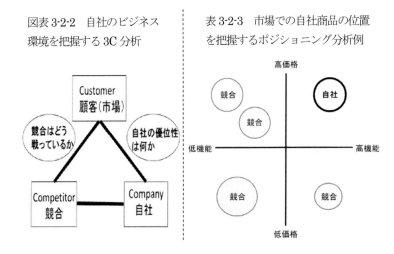

図表3-2-2　自社のビジネス環境を把握する3C分析

表3-2-3　市場での自社商品の位置を把握するポジショニング分析例

第5項　「売上拡大」をするにはどう考えるか

　売上が順調に拡大することはない。既存の取引を続けていると年間で約20%の売上が減少すると言われている。売上を維持・拡大するためには絶えず手を打つ必要がある。業種・業態による特性を見極めた上での対策が必要になる。

(1)現行販路での深耕
　メーカーや卸売業においては、競合他社との差別化により売上の拡大を図ることである。自社の「強み」、「優位性」を訴求し、競合他社の「弱み」を明らかにする。商品ラインアップ、機能、価格、サービスなど他社との差別化を訴求し、取

引の拡大を図ることである。
　小売業では、売れ筋商品の取扱強化、棚割の改善、顧客視点の展示など店頭訴求力を高め、またチラシなどの販促策を有効に使うことで店頭回転率をアップさせ、売上拡大を図ることである。

(2)取扱商品の拡大
　現行の取引先に対し、未取引商品の取り扱いを提案する。

(3)「売れる仕掛け」の継続
　商品拡販のために取引先に対してタイムリーに企画提案を行い、自社の商品・サービスに注意を向けさせ仕入を促進させる。広告・宣伝などマス媒体に訴えることが有効である。顧客、流通業者に絶えず情報を発信し、関心を持ってもらうことで差別化が図られ、売上拡大をすることができる。

(4)顧客の評価や要望を取り入れて需要喚起
　現行の商品・サービスに対して顧客は様々な視点から評価を下している。顧客の評価を基に商品の改良、新規商品の提案、売り方やサービスの改善等を行い、顧客の要望を満足させることがきれば、顧客の支持が増大し、売上の拡大につながる。

(5)新規販路の開拓
　他社製品は取り扱っているが自社商品を取り扱っていない流通での新規取引をする。他社との差別化を強調して訴求することがポイントである。

図表3-2-5 営業力強化のステップ

(1)営業戦略の明確化

　営業戦略がなければ営業力の強化はできない。営業力の強化は営業戦略の遂行力を強化し、営業目標を達成するためにあるからだ。ターゲット顧客・ターゲット市場の明確化が戦略ポイントである。自社の商品・サービスの「強み」を求めている顧客に訴求することだ。顧客価値を最大化する営業戦略が重要である。ターゲット顧客・ターゲット市場を明確にした上で、各ターゲット別に最適な戦略を実行することである。

(2)売上目標の設定

　なぜ売上目標の設定が重要だろうか。営業目標を達成するために売上目標がある。全社目標から担当者にまで落とし込まれている売上目標は、営業活動の量と質を決定する。具体的な数値目標がないと行動には移れない。事業環境に左右された場当たり的な営業に陥り、成果は生まれない。設定された売上目標を達成することが営業のミッションである。

(3)目標達成のため行動　KPIの設定

　攻略ターゲットを決定したら、具体的な営業活動を始める。KPI（Key Performance Indicator）とは重要業績指標のことで営業活動と営業結果の相関関係をみるには優れた指標

があれば、最初にインターネットで検索しホームページで詳細を確認した上で、納得がいけば購入する消費行動である。リアル店舗がなくてもWebページ上の情報だけで顧客は判断して購入するケースは多くなっている。ホームページが企業の広報という役割から「ネット上の営業マン」へと変貌している。ニッチな商品をニッチな市場に訴求することに強みがある小規模事業者には最適なツールである。

図表3-2-4 購入プロセスの変化

第8項 営業力強化のステップ

商品・サービスで「差別化」ができない現代においては「営業力強化」が最大の経営課題であることは冒頭で明らかにし、営業に関する課題の事例を上げながら解決のヒントを示してきた。実際に営業力を強化するためのステップを提案する。

るなど「顧客視点」での売り場づくりを心掛けることによって顧客の支持を得て、売上を拡大することができる。

事例6：顧客の「使用シーン」を想定した商品展示
　家具販売店であるIKEAは、種類別に家具を展示しているだけではなく「使用シーン」別に展示しているのが特徴である。キッチン、寝室、子供部屋などの「ルームセット」を実際に売り場に作って家具を展示し顧客がイメージできるようになっている。それぞれの家具が創り出す生活シーンを顧客に訴求することで購買意欲を刺激している。

(4)顧客の「不」取りを実現
　顧客は提供される商品・サービスに対し不便・不満などを感じること多くなる。「売り手視点」では気づきにくいことだが、顧客の反感を招くことになれば顧客は黙って去っていく。売れなくなったら顧客視点で見直すことである。購入時の不安・使用時の不便・接客の不満・購入後の不良など商品・サービスの「不」はどこにあるのかを徹底して探り、取り除くことである。

第7項　小規模事業者のインターネット活用

　インターネットの進展と物流の進展は小規模事業者には恩恵である。営業マンがいない小規模事業者であってもホームページの活用で顧客開拓や売上拡大が可能になるからである。消費者の購買プロセスに大きな変化が起きている。AIDMAモデルに加えインターネット対応のAISASモデル（株式会社電通の登録商標）が注目されている。欲しい商品

向けの事業展開(BtoC)に進出、あるいは BtoC から BtoB への進出に見られるように事業構造の多角化によって活路を見出すことである。

事例5：製造卸売業が小売業へ参入して業績を向上

　株式会社Ｓ商店（千葉県）は創業以来、地元千葉県で観光土産・名産物を中心とした製造卸売業で、対事業者（BtoB）向けのビジネスを行ってきた。しかし、同業他社との競争も激化し、事業に行き詰まりを感じていた。二代目であるＳ社長はドライブインでの販売経験から小売業の楽しさに気づき、対消費者（BtoC）向けのビジネスに大きな可能性を感じるようになり、小売業に本格的に参入した。卸売業から小売業への本格参入したのは、卸売業として得意先の商品を取り扱うだけではなく、独自性のある売り場を設け、地元である千葉県を自由に表現することで、業績の改善や新たな事業の拡大につながると考えたからである。事業構造の多角化によって行き詰まりを打破し、事業拡大に成功した事例である。

（出典：中小企業白書2015年版）

(3)顧客視点の徹底

　買いたい商品を探しに販売店の「売り場」に行ったとき、商品が棚に整然と展示され、価格が表示されているだけだとしたら購買意欲がわくだろうか。店舗としては展示している商品から勝手に選んで買ってくださいということだろう。いまどきこのような店舗はないが「売り手視点」の売り場であれば顧客は買わない。商品が買いやすいような展示の工夫がないからである。価格帯別、年齢別、用途別などに分けて展示することや商品の特徴や用途を説明したPOPを充実させ

事例4：「暖かくならないヒーター」の使用価値

　売れなくて困っていた商品が爆発的にヒットした事例がある。イタリアの家電メーカーの「デロンギヒーター」である。「デロンギヒーター」は、補助暖房器具と位置付けられ、主暖房機で部屋が暖まったら、主暖房機のスイッチを切り、デロンギヒーターをオンにして室温を維持するという目的で使用されていた。日本で普及している暖房機のようにすぐに部屋が暖まらないので売れずに頭を抱えていた。しかし、通販生活の創業者である斎藤氏は、「デロンギヒーター」に、全く新しい視点で価値を発見した。補助暖房器具を主暖房機として売り出した。居間であれば補助暖房器だが寝室では主暖房機になると考えた。今までにない「使用価値」を創造し訴求した。「あまり暖かくならない」「一晩中穏やかな暖かさで眠れる」「温風を出さない」など寝室の主暖房機として売り込んだ。「売り方」すなわち訴求の仕方を変えただけで急に売れるようになり、創業以来の初めての大ヒットとまでなった。そのキャッチコピーは「寝室に置いておくと、ひと晩中ホテルに泊まっているような快適さ」であった。同じ商品でも使用価値を新たに創造し「訴え方＝売り方」を変えることによって大ヒットも可能になることを実証している。斎藤氏は自著（「なぜ通販で買うのですか」斎藤駿著　集英社新書）で次のようにも述べている。『使用価値をメーカーや消費者ではなく小売が決める。小売が自分で作り直した使用価値にもとづいて「買う人」を「特定する」は、「買う人」を「創造する」に言い換えてもかまわない。』

(2)事業構造の多角化

　事業者向けに事業展開をしている企業（BtoB）が、消費者

(6)新規市場への進出

自社商品が未だ参入していない市場への進出である。既存市場での用途とは全く別の用途を提案して新規市場へ切り込方法である。

事例3：販売先を見直したことで、赤字から脱却した小規模事業者

有限会社H社（宮崎県）は、鶏肉を中心とした食品の加工を行う会社である。設立当初は、鶏卵の販売業者であったが、現在では主に宮崎名物を利用した加工食品を製造している。同社は、一時の宮崎ブームで観光関連商品の売上が大幅に拡大していたが、ブーム終結後、自然環境の悪化等の影響により、売上は減少し、一時期赤字を計上していた。そこで、今まで観光関係だけに偏っていた商品のラインナップを見直し、スーパーの加工食品売場で販売するような商品を増やしたことに加え、インターネットを通じて全国へ販売するなど、販売先を拡大したことで売上を回復させ、黒字化を達成している。今後は、企業のOEM商品を増やしていくことで、更に販路を拡大していきたいとの方針である。新規の販路を開拓することで売上を拡大した事例である。

（出典：中小企業白書2014年版）

第6項　「売上」に行き詰ったらどう考えるか

(1) 既存の商品に新しい価値を発見

全く同じ商品なのに「売り方」を変えただけで大ヒットした事例は良くあることだ。既存の商品を今までと全く違う切り口で用途提案し、新規顧客を開拓することである。

である。営業の「見える化」である。一般的には「引合案件数」、「訪問回数」、「受注件数」、「成約率」、「平均受注単価」などがある。これを日次・週次・月次など一定期間ごとに実績数値を評価し、プロセスの進捗を管理することである。

(4)営業人材の育成と営業体制の構築

小規模事業者の最大の経営課題は「営業・販路開拓」である。営業スキルのある人材がいないことも原因である。KPIの達成率が悪い場合は営業力不足である。担当者一人のスキルアップも重要だが営業部門全体の「仕組み」を考える必要がある。なぜならば営業マンの人材育成には時間と労力がかかり実績がすぐには出にくいからである。営業マンが一人、二人の小規模企業においては更に重要である。限られた人数で成果を得るには、営業業務に係る時間の削減、IT を活用した仕組みづくりなども有効である。

(5)PDCA を回す売上・利益目標を達成するための営業戦略に基づいて営業部門全体から営業担当者がそれぞれの役割において営業展開をする。目標、戦略が計画通りに達成されることはない。重要なのはPDCA（Plan・Do・Check・Action）サイクルを回し続け目標を達成することである。必要であれば計画を修正したうえで営業活動を展開して結果を評価し、更に改善を重ねることである。

図表3-2-6　PDCAサイクル

第3節　資金繰り・財務

　この節では、小規模企業の財務・資金繰りについて記載する。小規模企業が事業を存続するには、一にも二にも資金繰りをどうつなげるかが重要である。金融機関からの借入のためには、健全な財務体質を維持する必要がある。

第1項　資金繰りのコツ

(1)最近資金繰りが苦しいだけど
　先日も社員数10人足らずの小規模企業の社長から相談を受けた。これまで受注型のビジネスをしていたが、今後、事業を発展させていくためには、下請け体質を脱して自分達のブランドを立上げて製品を販売していかなければならないと取り組んでいる企業である。

社　　長：	最近資金繰りが苦しいのだけど。
診断士：	新しいビジネスは軌道に載っているのですか？
社　　長：	そっちは大丈夫。インターネットでお店を出してね。そこそこ評判にはなっているんだ。評判が良いから次々と製品を投入している。
診断士：	ネットの入金は順調なんですか？
社　　長：	下請けの仕事は材料仕入分は先にもらえるんだけど、ネットでは少しずつ売れるからね。ある程度まとまって売れてから出店料差し引きで入金される。

診断士:	そもそも下請けのビジネスとネットのビジネスの資金繰りって分けていますか？
社　長:	いや、今、税理士に部門別の損益計算書を作ってもらうことを頼んでいる。それが出てくれば分かるんじゃないかな。
診断士:	損益計算書を作る前にやることがありますよ。
社　長:	それって何？

(2)何故、資金繰りに詰まるのか

　最近、こうした事例をよく見かけるようになった。中小企業の生き残り策として、自ら新規顧客、販売先の開拓をしなければならなくなったからである。中小企業・小規模企業は従来、受託を中心にしてきたが、大企業との相互依存関係が希薄化して、自ら市場と向き合い、広く顧客を獲得する必要に迫られている。発注元のオーダーに応えることを中心としてきた企業は、これまでの取引関係の中だけでは大きな需要が見込めないため、自ら新規顧客、販売先を開拓する。新しい製品を開発するといっても、単価の高い、利幅のとれるような大規模なものは作れないから、広く需要を獲得して積み上げて利益を作るしかない。勢い、広域型の事業へ切り替えるケースがでてきているのである。2015年度中小企業白書によると、中小企業・小規模企業が新規市場開拓時の課題として第一に上げるのは、人材不足であるという。新規市場開拓に必要な市場調査やイノベーションを成し遂げる人材が不足しているのだろう。次に情報収集、分析等のマーケティングが課題として上がっている。しかし、私が注意喚起したいのが、商品・サービスの開発や試作をしたり、販路開拓、

商品・サービス提供のための情報収集や分析をしたりするための資金がないとする企業も相当程度の割合でいることである。

　こうした企業の問題は、受注型と市場開拓型の資金繰り構造が異なることからきていると推定できる。冒頭の企業の社長もその一事例なのである。従来、中小・小規模の下請け企業と発注側の大企業との間には相互依存関係があった。下請け企業の資金需要は、主として従業員の給与と工場等の操業経費、それと材料仕入である。材料仕入について支払いを手当てすれば資金繰りは回る。大規模企業の手形や売掛金であれば、銀行も運転資金の工面がしやすい。一方、市場開拓型のビジネスは、開発投資、販促投資が先行する。販売先も大口先ではなく、小口先を積み上げる形になる。入金がまとまって入るわけではなく、少しずつ積み上げる形で後から回収する形になるので時間がかかる。仕入代金の支払いから、売上による回収までの期間が長くなるのである。冒頭の企業でも資金繰り構造が変化することに気がつかずに新事業を開始して資金繰りに詰まっている。仮説検証しながら事業化していくような開発投資、販促投資については、銀行も融資するだけの判断材料がない。また、売り先も大口先ではないから、売掛金によって資金調達することができない。それゆえ中小企業・小規模企業の新規事業の開発は自己資金の範囲内で、運転資金をコントロールしながら、自力で行うしかないのが実態といえる。

　企業が新規事業開発を行う場合にやらなければならないのは、イノベーティブな商品・製品を開発すること、その販路・市場を開拓することに加えて、それらを自己の運転資金の中で賄う術を身に付けることだ。この３つをセットでやっ

ていく必要があるといえる。

図表3-3-1　中小企業・小規模企業の課題

①イノベーティブな商品・製品を開発すること ②その販路・市場を開拓すること ③それらを自己の運転資金の中で賄う術を身に付けること

　新規事業開発の事業計画を作成する時には損益計画や収支計画を作るだろう。だが、これだけでは十分ではない。事業開始後の入金と支払いの動きを資金繰りでシミュレーションしてみる必要がある。月次の収支計画を作っていても、実際にお金が足りなくなるのは、給与の支払い時、大口支払い時である。ましてや、事業ごとに入金と支払いの期間が異なるのであれば、それらを区分して事業ごとに入金、支払いの流れを把握しておく必要がある。

(3)開業時に考えるべきこと
　最近小さな飲食店を開業した社長とお会いした。居抜きで店を借りられて、なんとか自己資金の範囲内で店を始めたばかりだ。材料の仕入もこれまで修行していた店の仕入先から調達できる。「安い食材しか使わないので、開業時に大きな投資をしなければ資金繰りにも困らない」と修行していた店の師匠にも背中を押されて独立したそうだ。店も順調な滑り出しですこぶる上機嫌だ。

社　長:	開店して2週間。前の店のなじみのお客さんにも知らせてあったから最初から客足も好調でね。うまくやっていけそうだ。

診断士:	よかったですね。
社　長:	ありがとう。今日はおごるよ。今日も結構お客さんが入ってね。リッチなんだ。
診断士:	凄い、財布。え？社長、それ、ひょっとして店の売上？
社　長:	そう、自分でレジしめて、持ち歩いている。銀行に預けに行く暇もないからね。
診断士:	いや、それは危ないですよ。
社　長:	大丈夫。俺、空手の有段者だよ。
診断士:	いや、そうではなくて、これから月末まで支払いが立て込むから、今の売上入金はそのためにとっておかなきゃならないです。
社　長:	ちゃんと、原価が売上の3割になるようにちゃんとコントロールしている。利益が出ているから大丈夫だ。
診断士:	でも、固定費の支払いがあるでしょ？月末までの日別の資金残高の予測しています？
社　長:	そんな面倒くさいこと、するわけないだろ！
診断士:	このノートPCで簡単にお見せしましょうか。

　通常、飲食業は開業時の借金が大きくなければ、比較的資金繰りがつきやすいと言われている。現金が毎日入って来るからである。その現金で材料を仕入れている限り、仕入れに困ることもない。確実に毎日お客さんが来ていれば、資金繰りを考えずにビジネスができる。客足が増えていく時期は、毎日、目の前にお金が増えていくから、気持ちが大きくなるものである。しかし、アルバイトの支払いや光熱費の支払い、

家賃の支払いなどが給料日や月末にまとめてやってくる。客足が増えている時期は、当座の入金で支払えるから、それほど負担にはならないが、少し客足が減ってくると、とたんに資金繰りに苦しくなる。まとまった支払いをする時に資金が足りなくなるからだ。このように現金商売であっても、資金繰りからは逃れられないのだ。どんな商売でも波がある。資金繰りさえ乗り切れれば、そうした商売の波も乗り切ることができるのだが、こうした時の対策を打っていないがために事業が継続できなくなる場合があるのだ。やはり、開業して事業を継続していくことができるかどうかは資金繰りがつながるかどうかにかかっていると言える。

　入金が現金で入る商売の場合、季節や天候による影響以外は、曜日別、時間帯別に客数が読めるものだ。だから日時によって必要なアルバイトの人数や食材の仕入量は予測できる。さらに毎日の入金額もある程度は予測がつくし、そこから大きく増えることはない。だから、資金繰りを最も簡単に行うコツは、まとまった支払いの期日までに、その支払用に毎日少しずつ現金をためておくことである。毎月の固定費の支払日と支払い金額を図表3-3-2のような一覧表にしておこう。その他の支払いは一まとめにせず、実際に毎月の通帳や領収書を確認して、支払い日別に整理してみることをお勧めする。源泉所得税の納付や社会保険料の支払い、リース料の支払いや借入返済などもしっかり書き出しておくと、入金でお金が増えても安易に使ってはいけないことが分かるだろう。

図表 3-3-2　支払項目一覧表

支払項目	支払日	支払金額
給与		
水道光熱費		
家賃		
リース料		
その他（公租公課な		
借入返済		

　図表 3-3-3 は、さきほどの社長の店の日別の入出金と資金残高をモデル化している。月の後半は、月の前半の実際の客数と入金額をもとに入金額を社長に予測してもらった。社長が楽観視しているように月中までの現金残高は順調に積み上がっている。社長が気が大きくなるもの分かる気がする。しかし、固定費の支払い予定を入れ込むと月末にはほとんど現金が残っていないのが分かる。売上入金がすぐに現金で入る業種の場合、このように先行する入金に安心し、財布の紐がゆるみがちなので注意が必要だ。

　社長も図表 3-3-3 を見て、いっきに酔いが醒めてしまったようだ。今後のために、面倒くさがり屋の社長には、一番簡単な資金繰り管理法をお伝えした。それは次のような方法だ。

　支払い項目一覧の支払い金額を営業日で割った金額を毎日、支払い項目別に封筒に入れておき、取り分けておく。これなら、売上入金を持ち歩いて、支払いに回すべきお金を

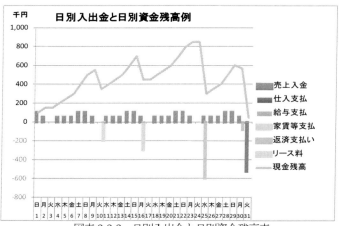

図表3-3-3　日別入出金と日別資金残高表

使ってしまう心配がない。できれば、その金額を封筒ではなく、支払い用の銀行口座に預けておくのが良い。まずは、別管理していくことから実践する。簡便的には週1休みを除いた25で支払い予定額を割った金額を取り分ける。土日などの入金額が平日の2倍あるような場合は、それを考慮して35で割る。この方法だと、入金と仕入が安定している限り、固定費の支払いに困ることはない。

図表3-3-4　一番簡単な資金繰り管理法

①固定費の支払い日と支払日を一覧にして書き出す。 ②正味営業日数で割り返し一日当りの金額を計算する。 ③毎日の売上入金のうち、その金額を支払い日まで別管理しておく。

　仕入支払い用の管理についてもう一つコツを付け加えておこう。

この社長は仕入は売上の3割になるようコントロールしているとのことだ。このように、材料費をかけすぎないよう仕入をコントロールしようとするのは良いことだ。
　月末の仕入支払いのため、毎日の売上の仕入率の割合を仕入支払い用に別管理しておくのがよい。ここは、一定額を決めるのではなく、毎日の売上の一定率とする。売上の多い日は、それだけ原価も増えているからである。その別管理した仕入支払い用の金額で仕入支払い時に本当に足りるかどうかを見る。足りれば、予定通りの仕入原価率で運営できたことが分かる。足りなければ、前月の利益をためておいたお金を補填して支払うしかない。この社長のように開業時であれば、貯金を取り崩して補填するしかない。この足りない金額は、予定の原価率と実際の原価率との差なのだ。実際、毎日の売上の一定率を積んでいた訳だから、それで足りない場合原因を特定して、次のような対策をしっかりとる必要がある。

図表3-3-5　予定原価と実際原価の差異解消対策

| ①実際には材料を余らせて捨てている→客数予測の精度を上げる。メニュー構成を見直す。 |
| ②お客に出していない分を賄いで使っている→本来別管理すべき。使い回しするなら、きちんと使った分をカウントしておく。 |
| ③実際には予定より高く又は多く仕入れている。→発注を記録し、材料納品時につき合わせる。誰が仕入れて検品したのかを記録する。 |

図表 3-3-6　一番簡単な仕入原価率管理策

①毎日の売上の一定割合を仕入支払い用として別管理する。
②別管理した仕入支払い用金額で支払えるか確認する。
③不足分だけ予定仕入れ原価よりも実際原価が多いのを認識し、原因を追究、対策を考える。

　このように仕入支払い分を別管理するだけで、予定した仕入原価率が守られているかどうかを支払い時に簡単に発見することができる。管理会計で行う予定原価と実際原価との原価差異の分析が、会計士に頼んで難しい原価計算をしなくても、資金繰りを見ることによって簡単にできるのである。

(4)資金繰りを考えるコツは3つのステップで
　資金繰りを考えるコツは、まず、①入金と支払いに分けて資金の流れを掴むことだ。次に、②日別にどこで足りなくなるのかを掴む。そして、③足りなくなるところの対策を考える。入金と支払いに分けて把握することで対策が立てやすくなる。対策としては額と時期を見直すことだ。入金額を増やす、支払額を減らす、入金時期を早める、支払い時期を遅らせるなど、足りない部分を見て対策を考える。この方法は、月次で資金繰りを考えるときも同様である。黒字でも資金がショートするというような事態も資金の流れを把握しておけば回避策を打てる。

図表 3-3-7　資金繰りを考えるコツ

①入金と支払いの資金の流れを掴む。（資金の流れの見える化）
②どこで資金残高が少なくなるのか（足りなくなるのか）を把握する。
③足りない部分の対策を考える。

(5)資金の流れを見える化する方法

　入金と支払いに分けて管理するために、最も、簡単な方法は、入金と支払いの通帳を分けてしまうことだ。これによって、一目で支払いの流れを掴むことができる。支払い額は、仕入など売上に連動する部分と、販促など経営判断で行ったもの、それらに関係なく発生する固定支出の部分とに分けられる。まず、一定時期に一定額発生する固定支出を見込んでおき、これらに売上連動の仕入れ支払いと販促など経営判断で行う支出を折り込めば簡単に資金繰り予定表が作成できてしまう。通帳の代わりにWEBバンキングを利用すれば通帳の入出金明細もダウンロードしてエクセルで加工すれば日繰り表も簡単に作ることができる。これらを元に先々の資金残高予測をエクセルでシミュレーションしていく。

　　　　図表3-3-8　資金の流れを見える化する方法

①入金、支払いを分けて通帳に記帳する。 ②入出金明細を元に日繰り表を作成する。 ③エクセルでシミュレーションしてみる。

　エクセルで資金繰りをシミュレーションするには、売上が入金されるタイミング、仕入れを支払うタイミングの分析が必要になる。

　毎月の売上と実際の売上入金との関係を分析してみよう。

　次の例では、当月中に入金される金額と翌月に入金される金額、翌々月に入金される金額と分けられている。主要売上先別の構成比がほぼ決まっていれば、同様の推移を示すことになる。だから構成比が分かれば毎月の売上を入金月に分解することができる。これにより、毎月の売上予測から売上入金を予測することができる。

売上を入金時期別に分解する
当月売上×当月入金割合＝当月に入金する金額
当月売上×翌月入金割合＝翌月に入金する金額
当月売上×翌々月入金割合＝翌々月に入金する金額

図表3-3-9　売上予測と売上入金予測

	1月	2月	3月	計	構成比	
売上	100,000			100,000	100%	
当月入金	20,000			20,000	20%	当月入金割合
翌月入金		50,000		50,000	50%	翌月入金割合
翌々月入金			30,000	30,000	30%	翌々月入金割合

図表3-3-10　売上入金時期別の構成比を使い売上から売上入金を予測

	1月	2月	3月
売上	100,000	80,000	120,000
当月入金率	20%	20%	20%
翌月入金率	50%	50%	50%
翌々月入金率	30%	30%	30%
当月入金分	20,000	16,000	24,000
翌月入金分	50,000	40,000	60,000
翌々月入金分	30,000	24,000	36,000
当月入金	20,000	16,000	24,000
翌月入金		50,000	40,000
翌々月入金			30,000
入金予測額			94,000

仕入も同様に支払の時期別の構成比を分析して予測することができる。
　この売上入金時期の構成比、仕入支払時期の構成比は毎月実績を確認する必要がある。構成比の変化で、資金繰り構造が変化することが分かるからだ。

(6)資金繰りの改善手法
　では、資金の流れを見える化することで実際に資金が足りなくなるのが分かったとき、これを改善するにはどうしたらよいだろうか。いくつか方法がある。まず、借入や自己資金での補填を考えるまえに、この方法を検討してみて欲しい。

図表 3-3-11　短期の資金繰り改善策

①売掛金で入金が滞っているものを支払ってもらう。
②現金販売値引きで当座の現金入金を増やす。
③滞留在庫を値引き処分して現金化し、かつ、保管コストを減らす。
④大口の売掛金があるという信用で仕入の支払いを一時伸ばしてもらう。
⑤資産を売却し、必要なときだけの賃借またはリースに切り替える。

　短期の資金繰り改善策は当座の手元現金を増やす方法だ。多少利益率が下がる、もしくは利息分が発生するものもある。根本的な改善策とはならないので使い方には注意が必要だ。

図表 3-3-12　根本的な資金繰り改善策

> ①売掛金入金の入金条件を短くしてもらうよう交渉する。
> ②支払い条件を長くしてもらうよう交渉する。
> ③過剰在庫とならないよう売れ筋にアイテム数を絞る。
> ④毎月の固定費の支払い時期を入金の後になるように変更する、もしくは固定費の支払いの前に入金が来るように期日変更を交渉する。
> ⑤固定費を削減する。

　根本的な資金繰り改善策の要点は、入金は大きく、早く、出金は少なく、遅く、することだ。支払い条件の変更は、実質的には仕入先に運転資金を負担させているのと同じで、経済的にみれば常時借入れているのと同様の効果がある。

第2項　健全な財務を維持しよう

(1)貸借対照表の見方

社長　：	事業は順調になってきたんだけど、いつも、支払いのときにぎりぎりなんだよね。銀行からお金を借りればもっと事業を拡大でると思う。ちょっとあたってみたんだけど、それは何の資金ですかって？聞かれたよ。
診断士:	運転資金なのか、設備投資資金なのかですね。季節資金というのもありますよ。
社長　：	その資金によって借り方が変わるのかい？
診断士:	そうですね。設備投資資金は長期で借入れ、運転資金や季節資金は短期の借入れですね。

社長 ：	でも、お金に色はついていないだろ？どうやって色分けしておくの？借りたら必要な支払いに使うよ。
診断士：	もちろん、色がついていないですが、会社の財務内容は把握しておくべきですね。そうすれば借入交渉もし易くなります。
社長 ：	なんだか難しそうだな。分かり易く教えてよ。

　借入をしたくなったとき、初めて気になるのが財務諸表だ。過去3期分の税務申告書、その申告書につける決算書、勘定内訳明細の提出を求められる。何故3期分も必要になるのだろうと不思議に思う方もおられるだろう。実は3期分の貸借対照表を前期のものと比較する事で資金の流れが分かるのである。それだけでなく期末に在庫の計上を水増ししたり、減価償却費の計上を減らしたりして、利益を捻出していれば、すぐにばれてしまう。売掛先からの回収が滞っていることや、仕入先が変化したことなどもチェックされる。どういう点がチェックされるかを事前に知っておくことは、健全な財務体質を作る上でも重要だ。

①運転資金を把握する
　財務諸表のなかで見慣れないのが貸借対照表だろう。貸借対照表は期末時点の正味財産を表している。この貸借対照表の左側にある資産の部の受取手形、売掛金、棚卸資産の合計から右側にある支払手形、買掛金を引いてみてほしい。これが運転資金だ。

図表 3-3-13 運転資金の計算

> （受取手形＋売掛金）＋棚卸資産－（支払手形＋買掛金）
> 　＝運転資金

　受取手形や売掛金は、売り上げたがまだ入金されていない金額をあらわしている。現金で売り上げていれば、もう手元にお金が入ってきているので自由に使えるところなのだが、売り上げても入金されないと、いくら売上が増えても資金繰りは楽にならない。売上げが増えている時、入金までの期間が長いと資金繰りが苦しくなる。売上拡大により仕入が増え、支払いが先にくるからだ。人を多く雇うから人件費の支払いも増える。売上は上がっているから黒字であるかもしれないが、資金に詰まって倒産する場合がある。これが黒字倒産といわれるものだ。先々、売上が上がるだろうと予測して、機会損失にならないように在庫を多めに持っておく場合がある。こうした時も入金がないのに支払いが先に来るから資金繰りが苦しくなる。攻めの経営は常に資金リスクでもあるのだ。これら商売をするために必要な資金、営業拡大にともなって膨らむ資金を運転資金という。

　先の計算式で支払手形や買掛金をマイナスするのは、仕入を現金で支払わず、待ってもらえばそれだけ、手元の現金がふえるからだ。こちらは膨らめば、資金繰りが楽になる。支払い時期を延ばしてもらうことは仕入先から運転資金を調達しているのと同じことだからだ。ただ、売上が伸びているときは、売上の入金が先に入り、そのお金で仕入代金を支払うことができるので資金繰りが楽になるが、売上の減少局面

では、過去の買掛金の支払いが後から重く負担となる。

売上が季節によって大きく変動する企業では、年の中で資金繰りが苦しい時期と楽な時期があるはずだ。そうした季節の売上、仕入の変動によって生ずる運転資金を季節資金という。1年の中で売上に波がある業務の場合は、この資金変動を金融機関担当者にしっかり説明して理解しておいてもらうようにしたい。そのためには入金の記録を通帳に記帳して、その実績をデータで見せるのが一番だろう。過去の実績からこうした変動に一定のサイクルがあることが説明できれば、運転資金を貸す側にとってもリスクが少ないことが分かるからだ。リスクが少なければ高い金利で借りる必要もない。

開発型の企業であれば、1年周期どころか3年に1度くらい大きく売上が立ち、回収する場合もある。この場合は、1回の売上の波で 3 年分の固定費をしっかり賄えるように資金繰りを組む必要があるだろう。

賞与の支払いや、税金の支払いを季節資金と呼ぶこともある。これらは、賞与や税金の支払いがあることを見越して、毎月プールしておけばこのための借入は必要ないはずだが、それをしていない場合、借入で支払って、その後の毎月の利益で返済することになる。貯めておけば受取利息分、得をするのに、借りて払えば支払利息分だけ余計にかかる。どうせ賞与や税金は払うのであればどちらを選択するのが賢いだろうか。しっかり資金繰りを組むとはこういったことを指している。

②設備資金調達のポイント
　製造、開発のための機械などを購入するための資金を設備資金という。機械を購入したからといって翌月から売上が増

えるとは限らない。試作して、商品化して、買い手が付いて、始めて売上が上がる場合もあるだろう。そうであっても毎月一定額の返済がやってくる。前節で述べたことを実践して、日繰り表で思考する癖がついていれば、最初は返済するために見合うお金がないことが容易にわかるだろう。そのため、実際には設備資金の返済をするために運転資金のためのお金を返済に使ってしまう状況が生じてしまう。運転資金と設備資金を厳密に分けろというならば、本来、設備投資によって設備が稼動し、収益で回収できてから返済を始めるべきなのだ。こうした場合は、一定期間据え置き後返済開始の条件で借入を行うようにしたい。こうしたこともしっかり資金繰り構造を掴んでいれば借入の際、返済条件の交渉ができるだろう。

③財務内容の共通理解が必要

　借入審査は、書面上の審査が中心になるから、財務諸表からミスリードしないよう、金融機関には、大きな変化があるところは事情を説明し、勘定科目の内容をしっかり共有しておく必要がある。企業によっては、売掛金を取引内容によって未収入金で処理していたり、買掛金も未払金や、請求書が間に合わないものは未払費用で処理したりしている。こうした場合は補足説明しておこう。貸付担当者が正しく財務内容を把握できないと金融機関内でうまく説明ができず、そのために決裁がおりない場合があるからだ。まず、財務内容をしっかり経営者が把握して、金融機関の担当者にも理解してもらうよう説明することが必要だ。

④貸借対照表を俯瞰して見る

　貸借対照表をよく見てみよう。資産の部で流動資産と固定資産に分かれている。左側の流動資産には現預金や、短期で現金化しやすいものが計上されている。一方右側は負債と資本だ。負債も流動負債と固定負債に分かれている。流動には通常の営業の流れの中にあるものや、1年内に期限が来るものが計上される。逆に固定は、1年以上のものが計上されている。次の図は金額の大きさを箱の大きさで表している。左右のバランスに着目して見て欲しい。あなたの会社はどのパターンだろうか。

図表 3-3-14　貸借対照表

①	②	③
流動資産 / 流動負債 / 固定負債 / 固定資産 / 資本	流動資産 / 流動負債 / 固定資産 / 固定負債 / 資本	流動資産 / 流動負債 / 固定負債 / 固定資産 / 資本

　短期の借入金で固定資産を取得していたりすると、流動資産より流動負債の方が大きくなっていたりする（図②）。短期の返済の借り換えで、いつも忙しくないだろうか。金融機関が実質的な資本を持っている状態になってしまっている。少なくとも長期の投資は長期の借入に変更してもらい、その元利返済額は毎年生まれる営業キャッシュフローに見合う額にしてもらうよう交渉する必要がある。最も健全な方法は、毎期税引き後の利益を積み立てて自己資本を厚くしていくことだ（図③）。税金を払いたくないがために、無駄な経費

をめいっぱい計上して、利益を出ないようにしたり、税金で払うより支払い利息を払った方が得だとばかりに、借入れを増やしたりして平気な経営者もときにはいるが、この方法ではいつまでたっても財務体質は健全化できない。すなわち、資金面での経営の自由度は得られないのだ。

(2)損益計算書と貸借対照表の仕組み

　ここで損益計算書と貸借対照表の仕組みを確認しておこう。貸借対照表と損益計算書を左右の箱に見立てると損益計算書の左側は費用、右側が収益で２つの箱になっている。この差額として利益が計算される。だから利益を含めると３つの箱だ。貸借対照表は左側が資産、右側が負債と資本の３つの箱になっている。損益計算書の利益は、資本の中に毎年蓄積されていく。そういう形で２つの表がつながっている。

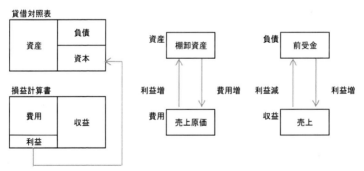

図表 3-3-15　損益計算書と貸借対照表の仕組み

　さらに資産と費用が同じ側にあることに着目して欲しい。仕入れた商品を売り上げれば、その商品は売上原価という費

用となり、損益計算書に計上される。売れずに在庫のまま残っていれば棚卸資産として貸借対照表に計上される。在庫で持っていても、もう売れる見込みがない不良在庫であることが判明すれば、本来は評価損を立てて費用としなければならない。こうした不良在庫を資産のまま計上しておけば、費用とはならないため利益が出る。しかし在庫仕入れ分の支払いをしなければならないから資金が足りなくなるわけだ。利益が出ているのに資金繰りが苦しい企業の中には、こうした企業もある。

また、負債と収益が同じ側にあることにも着目して欲しい。お客様からお金を頂いてもまだ役務提供をしていなければ、本来売上とはならない。負債に計上しておき、収益からは除く必要がある。売上とすることができるのは役務を提供してからとなる。この場合は、前受入金時に売上にしてしまえば利益が出るが、未提供の役務が残っているのだから、見えない負債を抱えているのと同じだ。正しく、負債として認識しおくべきなのだ。このように貸借対照表と損益計算書の科目は、同じ側で行ったり来たりする形でつながっている。

(3)キャッシュフロー計算書と資金繰り表

借入の返済能力は営業活動で生み出すキャッシュフローで判断される。一定期間のキャッシュベースの儲けを表したのがキャッシュフロー計算書だ。損益計算書は費用を発生ベースで計算している、これに対してキャッシュフロー計算書は現金の動きを掴むため、すべてキャッシュベースで置き直して把握するものだ。資金繰り表も実際のお金の動きや予測を表しているから同様に考えて問題ないが、キャッシュフロー計算書は、キャッシュベースの収益力を見るという目的の

で、実際の預金通帳の記録から起こすのではなく、財務諸表や勘定科目の増減から計算で作成することが多い。前項で見たように貸借対照表と損益計算書はつながっているから、資産や負債の動きも合わせて見ることで、一見、損益計算書で利益が出ている会社も実は営業キャッシュフローが出ていないことが分かってしまう。長期借入の返済は、営業キャッシュフローが原資となるから、営業キャッシュフローが出ているかどうかが返済能力の判断において重視される。

図表3-3-16 営業キャッシュフロー

営業キャッシュフロー＝ 税引き後当期利益＋非資金費用－運転資金増減

　営業キャッシュフローは、税金を支払った後の利益に減価償却費や引当金繰入などの非資金費用を加え、毎年の運転資金の変化を加味して計算する。運転資金が増えればそれだけキャッシュフローが減るので運転資金増をマイナスする。

　投資のための借入をする際、毎月返済がどれくらいできるかを考えるには、営業キャッシュフローがどれくらい出るかを考えなければならない。返済年数が5年であれば、借入額を5で割った金額の営業キャッシュフローを毎年出せるだろうか。それだけの営業キャッシュフローが出せなければ、返済期間を長くしてもらうか、そもそも投資コストをおさえて借入額を少なくする必要がある。毎年の返済額が営業キャッシュフローより大きい場合、結局、返済のために他でお金を借りなくてはならないことになってしまう。どうやって借入をするかばかり年中考えなければならなくなってしまうので事業どころでない。よくよく注意が必要だ。

投資計画においても、単に損益の予測だけでなく運転資金の変化も見込んで営業キャッシュフローを計算しておかなければならない点に気をつけよう。
　事業がうまくいくようになると営業キャッシュフローの返済能力を当て込んで、金融機関の担当者が融資の話を持って来るようになる。将来事業拡大につながるような設備投資ならばまだ良いが、直接的に収益を生まないような物件の購入を勧めたりすることもある。投資に回すべき営業キャッシュフローが借入の返済に回ってしまうから企業の開発投資の体力を蝕んでいく。開発型企業は決して手を出してはいけない。もし、あなたがベンチャーキャピタルから出資を受けて事業を開発していたら、無駄な支出はせずに開発に必要なことにのみその資金を使うはずだ。自己資金の場合も全く同じことなのだ。どんな事業でも、今うまくいっていたとしても、数年ごとにイノベーションを起こしていかなければ生き残ってはいけない。中小企業がイノベーティブな開発投資をするためには、自己資金を厚く持つことが必要だということを忘れないで欲しい。そして自己資金は税金を払った後の利益を積み上げていくしかない。

　　図表3-3-17　事業継続に必要なこと

①営業キャッシュフローが出ているのか確認する。 ②投資のための借入は毎年の営業キャッシュフローで返済する。 ③開発投資に備えて自己資金を蓄える。

(4) 財務の健全化のために
　資金に困ったときに資金が借りられるようにするには、財

務の健全化が必要だ。貸借対照表は、これまでの企業の努力の結果が数字になった経営者の通信簿のようなものだ。貸借対照表を健全な状態に保っているかどうかは日頃から気を

図表 3-3-18　貸借対照表の差分を比較

	① X+1期	② X+2期	③ X+3期	②－① 増減	③－② 増減
資産					
売掛金	70	100	150	30	50
棚卸資産	30	40	60	10	20
…					
負債					
買掛金	45	40	20	▲5	▲20
…					

つけておかねばならない。貸借対照表の各科目を前年と比べて欲しい。それぞれの科目がどれだけ増えただろうか、減っただろうか。差分をとってみよう、3期分あれば、その差分をさらに比較して、変化を確認しよう。

売掛金が増えていれば、売上が拡大して増えたのか、事業構造が変化して入金期限が長い売掛先が増えてきているか、どちらなのか確認しよう。いずれにしても、運転資金が多く必要になってきている。売掛先別に比較して全く変化していない先があれば、滞留している先だ。売掛金は1年に1回ではなく、毎月変化を確認したい。滞留していれば貸倒れになる可能性もある。先ほどのたな卸資産から売上原価となった場合と同様に資産（売掛金）から費用（貸倒損失）へ振り替える必要がある。

在庫が増えていれば、同様に運転資金が必要になっている。本当に必要な在庫だろうか。売れ残って増えているだけでは

ないだろうか。仕入れ担当者は在庫責任を負っているだろうか。各在庫がどれくらいの期間残っているのか調べてみる必要がある。値引きしてでも処分した方が、手元の現金が増え、倉庫のコストも抑えられるのは先に述べたとおりだ。

買掛金が減少していれば支払い条件が短い先へと仕入の構成が変化している可能性がある。新しく取引を始めた先と安易に支払い条件を設定してないか、目を光らせる必要がある。運転資金の調達が必要になるからだ。

このように財務を健全化するためには、常に経営者が財務状態に目を光らせる必要がある。決して税理士任せ、経理担当者任せであってはならない。金融機関から最も信頼される経営者は、自分の言葉で会社の財務状態が説明できること、資金繰りの構造を理解してもらうために、共有する努力を惜しまない経営者だ。

図表3-3-19　財務を健全化するために必要なこと

①貸借対照表の各科目の増減を計算する。
②必要運転資金が増加する要因について調べて対策を打つ。
③自分の言葉で会社の財務状態を説明する。

第4節　マーケティング

第1項　マーケティングって何？

(1)マーケティングの意味

　皆さんは「マーケティングについて説明して下さい」と聞かれると何と答えるだろうか。国語辞典等で色々調べてみると以下の様に要約できた。

　「顧客ニーズを的確につかんで製品計画を立て、最も有利な販売経路を選ぶと共に、販売促進努力により、需要の増加と新たな市場開発を図る企業の諸活動」

　何やらわかったようでわからない人がほとんどだと思う。私はこのように解釈する。

　「製品もしくはサービスを作って売るまでの全過程」

　つまり、商品を作ってから売るまでの全ての過程が、マーケティング活動に該当するのだ。

　我々、中小企業診断士はコンサルティングの依頼があった企業に対して、何人かのメンバーでチームを作り、支援を行うことが多々ある。その際に私はこれまでの職歴上、マーケティング部門を担当させていただく場合が多い。以降は、私がコンサルの依頼があった支援企業での経験を基にお話しを進めていきたい。

(2)マーケティングのプロセスとは？

　まず、私がマーケティング支援をする際に、助言内容をよりわかり易く説明するため、頻繁に使うマーケティング用語等を簡単に紹介していきたい。

【マーケティングの4P】
　マーケティングの世界で最も著名な学者であるフィリップ・コトラー教授が提唱する考え方のフレームワークの一つである
　製品（PRODUCT）
　価格（PRICE）
　場所（PLACE）
　販売促進（PROMOTION）
　4つの要素をそれぞれ頭文字で表した言葉である。マーケティングを少しでも勉強されたことがある方ならば、一度は耳にしたことがある言葉だろう。この4つの要素に基づいて区分していくことで、効果的なマーケティング活動が可能となり、相乗効果も期待できると言われている。
　例として、ラーメン店を新規出店する際に、この4つのPをコンセプトに進めてみよう。

製品のP：味噌ラーメンを主軸商品とする
価格のP：1杯¥700で設定し、トッピング・サイドメニューを充実させ客単価を¥1,000位に設定する。
場所のP：都内の若者が集まるターミナル駅から徒歩5分程度の商店街を一本入ったところに立地。席がカウンターのみ12席で展開。
販売促進のP：オープンから1週間は¥500でラーメン一杯を提供し駅前と店舗前でチラシを配布する。また、スマートフォン対応もできるホームページを作成する。

　こんな感じで予め4Pで区分してみるとストアコンセプ

トが判明してくる。実際はもっと複雑な事柄が絡みあって、細かい図となるのだが、とりあえず皆さんが理解しやすいように紹介させて頂いた。

【「誰に」「何を」「どのように」】
　これは私が中小企業診断士の受験生時代、2次試験の1科目であるマーケティングの事例について学習している時に、解答を作成する際、当時の講師に口酸っぱく言われ続けていた言葉である。
　これはマーケティングの過程である「製品企画」「広告宣伝」「プロモーション」を行う際に、常に意識しておかなければならない3つの要素である。以下にこの「誰に」「何を」「どのように」のマーケティングで成功している、あるプロレス団体の事例を紹介したい。

第2項　DDTプロレスリングのマーケティング手法に学ぶ

(1)高木社長が行ってきたマーケティング戦略
　ここでは現在、プロレス業界で独自のマーケティング手法で注目を集めている株式会社DDTプロレスリング（以下DDT）についてご紹介したい。こちらで代表取締役社長を務める高木三四郎氏（以下高木社長）は筆者の古くからの知人であり、学生時代から数々のイベントを成功させ、そのアイデアやノウハウをプロレス業界でも活かすことで名を馳せてきた。これまで述べてきたマーケティング手法を踏まえ、高木社長が行ってきたマーケティング戦略を上記の「誰に」「何を」「どのように」を踏まえご紹介していきたい。

①差別化集中戦略「誰に」

まず、高木社長が行ったのは他プロレス団体との差異化である。これまでプロレスファンの多くは、男性。特に40歳以上で、小さい頃ジャイアント馬場選手やアントニオ猪木選手を見て育った世代が、未だにプロレスファンで有り続けるという層がほとんどであった。

しかし、DDTの興行を実際に観に行くと驚かされるのは若い女性ファンの多さである。

高木社長はあえて「若い・イケメン・逆三角形の身体」の3拍子揃ったレスラーに注目が集まるようメイン・イベンターを任せ、これまでメインを張ってきたベテラン・中堅レスラーをあえて前座等に持ってきた。これは従来のプロレス興行とは全く逆のやり方であるのだ。このやり方で、これまでさほど多くなかった女性、特に若い女性をターゲットにし

図表3-4-1　㈱DDTプロレスリング代表取締役社長　高木三四郎氏

て、見事に顧客（ファン）として取り込んだ。これが先にも述べた中小企業の取るべきやり方である差別化集中戦略といえるのではないか。

②顧客獲得について「何を」
　高木社長は先にも述べたようにアイデアマンでもある。同じ格闘技である日本の国技として名高い相撲同様に、プロレスのリングは非常に敷居の高い世界で、おいそれと素人が上がれるものではなかった。しかし、高木社長はそんなこれまでの常識を取り払い、本屋や商店街の中などこれまで考えられなかったところでプロレスを魅せることで、新たなファンを獲得していったのである。

図表3-4-2　商店街でのプロレス（左）、本屋でのプロレス（右）

　また、団体創設時のマイナーであった頃のDDTを好んで応援してくれてきたファンを維持するためにも、あえて当時の興行の流れを引き継ぐような関連団体を作ることでそちらにファンを誘導して、顧客離れを防いでもいるのだ。

③メディアの活用法「どのように」
　DDTの広報・宣伝展開においては広告費というものはほとんど使っていない。では、どのように展開をしているのであろう。
　これも高木社長の感性の鋭いところであるが、メディアの

活用の仕方が非常に上手いのである。例えば、選手全員にツイッターをやらせることで情報拡散を常に心掛けている。ちなみに高木社長は、ツイッターのフォロワーを2万人以上抱えていて、芸能人並みの情報拡散力を持っている。団体に所属する他のレスラー達も多くのフォロワーを抱えていて、それが興行での集客にも大きく寄与しているのである。

　他にも結婚式の余興としてプロレス興行の出店も行っている。こちらも月に1度位の割合で発注が来るそうだ。これまでブラックボックス的であったプロレスの興行料金を、イベント実施の料金として開示することもDDTが初めて行ったことであったのだ。

　もともと、ヒト・モノ・カネが揃っていなかったDDTという団体を、独自のアイデアで日本有数のプロレス団体へと成長させた高木社長の経営は、まさに中小企業の経営者の方々が大手に対抗していくために非常に参考になるものではないかと思い、紹介させていただいた。

第3項　中小企業におけるマーケティング活用術

(1)中小企業における有効なマーケティングとは

　ここでは中小企業、特に個店において有効なマーケティングとは何かを考えてみたい。よく言われる売上を分析する際の計算式は「売上＝客数×客単価」である。客数が変わらなくても、顧客の客単価を上げれば売上自体も上がっていく。逆に客数を増やすために、安売りや値下げを繰り返すと、客数がいくら増えても客単価が下がれば、売上もさほど変わらなくなる。この公式の難点はどちらも上げることは難しいと

いうこと。顧客数がある程度限られてくる個店では、客単価を上げていくことが非常に重要であるとアドバイスすることが多い。以下客単価を上げる戦略として、差別化集中戦略とその具体事例を紹介したい。

①差別化集中戦略

　マーケティングの世界で著名なマイケル・ポーター教授によって提唱された、競合に打ち克つため、ブランディングや広告を使い、自社の製品・サービスなどで、差異化を図り競争優位性を発揮しようとする戦略を差別化戦略という。これは大手企業がよく用いる戦略であるコストリーダーシップ戦略に対抗できる戦略とされ、特に中小企業においては、ある市場に対して経営資源を集中させる差別化戦略と組み合わせて、差別化集中戦略をとるのが一番有効な戦略であるといわれている。以下、差別化集中戦略の事例をご紹介する。

②差別化集中戦略の具体事例

　差別化集中戦略で長年に渡って成功してきているお店を紹介する。皆さんの中で、小さなお店で品揃えも特殊だが、なぜか全国から人が集まってきて繁盛している店を目にしたことが無いだろうか。

　私の地元に、もう50年近く営業していて、わずか6席しかない小さなステーキ屋さんがある。店の佇まいもプレハブ小屋みたいでありながら、全国から人が集まってくる店である。

　ちなみにこの店のメニューはサラダと少々の付け合わせが付いたビーフステーキ1品のみでかなりのお値段である。ただ、このビーフステーキが絶品で、昔から口コミにより全

国から人が集まっていた。現在はインターネットの発達で益々有名になり、休日は予約しないと入店できない繁忙ぶりである。

　この店のオーナーは意識していないかと思うが、この店こそ差別化集中戦略を体現化している店である。メニューは1品のみで、場所は繁華街から外れたところにあり、席数も少ない。ただ、ここでしか食べられない上質なステーキを求めて人が集まってくる。もちろん、お店の長年の歴史やオーナーの努力もあるのだろうが、戦略的には個店が勝つための究極の差別化集中戦略を体現する店なのである。

(2)お客様アンケートのススメ
　ある時、私宛になじみの営業マンから下記のようなメールが届いた。
　「現在、お取引先に対してよりよい人間関係構築とサービス向上のため、弊社営業マンの挨拶や商談時の接客態度について以下のようなアンケート調査を行っています。是非ともご協力ください」と書かれていた。

そのアンケートには
①心のこもった挨拶について
　　5　出来ている　⇔　出来ていない　1
②言葉づかいについて
　　5　丁寧　⇔　ぞんざい　1
③接客態度について
　　5　快　⇔　不快　1
④会話のキャッチボールについて
　　5　しやすい　⇔　しにくい1

⑤商談が生産的かについて
　5　有意義　⇔　　無意義　1

　という内容であった。私が当時勤めていた会社はメディアを扱う会社で、アンケートを希望してきた会社は広告代理店である。ともすれば、馴れ合いになりがちな当時の取引関係において、中小企業診断士としても非常に刺激を受けた。この担当者が自らの取引先満足度向上を図るための取り組みであったようだ。
　是非、サービス業の方々のみならずとも、違う形式でも構わないので取引先に上記のようなアンケートを実施してみたらいかがだろうか。かなりの効果をもたらすのではないだろうか。

(3)インターナルマーケティングを活用しよう
　マーケティングの一つにインターナルマーケティングというものがある。この場合のインターナル（=内部）は、社内、特にサービス業における従業員を指すものであり、従業員に働きかける活動を意味するものである。顧客への満足度を高めるには、まず顧客に対応する従業員の満足度を高めることが重要であるという考え方がその根本にある。
　インターナルマーケティングには以下のようなものがある。
　・社員旅行
　・部内で目標達成食事会
　・担当者への権限移譲
　・社員食堂の無料化
　・従業員の誕生日会

・永年勤続者表彰
・スキルアップセミナー
・社内リフレッシュスペースの設置等

　以下の図はインターナルマーケティングを実施することでどのような期待効果が生まれてくるかを説明したものある。

図表3-4-3　インターナルマーケティングの期待効果

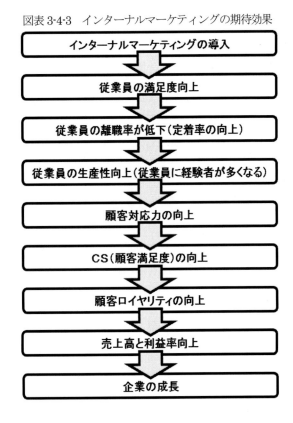

必ずしもこのように進むとは限らないが、インターナルマーケティングはかなり期待効果の高いマーケティングなので、経営者の方々は是非知っておいて欲しい。

(4)マーケティング支援事例集
　ここでは、実際に筆者がかかわった中小企業へのマーケティング事例について2つの支援事例を紹介する。

①飲食店へのマーケティング支援
　(現状)
　T県を中心に首都圏に5店舗を展開する中華料理店。ターミナル駅至近にある本店以外は郊外のロードサイトに位置する。客席数は各店舗50〜70席。社長が横浜の中華街で修行を積み、そのノウハウを活かしながらリーズナブルな値段で本格的な中華料理が食べられると地元で評判。
　ただ、ランチ時の来店客は多いが、土地柄本来の目的である夜の来店につながっていない。特に平日夜の来店が少なく、ランチタイムも含め、客単価が下がり苦戦している。

　(課題)
・ランチ時は大変賑わうため、その混雑時の座席稼働率の悪さの解消。
・ランチ来店時の顧客を夜の来店にもつなげること。
・メニューがここ数年変更されておらず、時代に沿った新メニューの開発が必要。
・ランチ時のベテランホールスタッフとディナー時の若いホールスタッフのサービスにバラツキがあること。

（改善提案）
・昼の来店客に対し、夜時のドリンククーポンの配布。また、従来のポイントカード制度は改善し、より夜の来店につながるプレミアムカードを発行。
➡このプレミアムカードの発行により、昼の売上を維持しながら夜の売上が実施3ヶ月後から5～10％ＵＰした。
・お客様アンケートで新メニュー案を募集。期間を決めて新メニューを各店舗で投票を募り、人気のあったメニューを新たに加えた。
・これまで業者に頼んで作成していたメニューを従業員手作りのものとし、オススメメニューに店員の声も加え、顧客との距離を縮める施策を実施してもらった。
・ベテラン店員から若い店員への技能伝承を踏まえた接客チーム制度を設けてもらった。

②地方お土産店へのマーケティング支援
　（現状）
・Ｓ県某市のお土産屋。社長が定年退職を機に、退職金の1部をつぎ込んで店舗をオープン。自宅の近隣地域が何年か前に、大河ドラマの舞台となり観光地化したのを機に、土産店が増えてきていて、それに便乗して店舗をオープンさせた。
・特に戦略もなくオープンしたため、品揃え等も他店と画一的で、売上はオープン当時から伸び悩んでいる。

　（課題）
・品揃えが社長の独断と偏見で決められていて、在庫を抱えやすくなっている。
・特にこれといった広告展開はしておらず、ＨＰも設けてい

ない。
・今後、近隣に新たな商業施設が誕生する予定で更なる観光客の増加が見込まれるがこれといった対策はとっておらず、受け身体制である。

(改善提案)
・広告予算がそれほどかけられないということで、Facebookに自店のページを開設。
・併せてこれまで、社長の独断と偏見で決められていた品揃えを顧客へのアンケートを実施し、その声を品揃えに反映させた。
・社長が飲み歩くのが好きで、多くの行きつけの店を抱えている。その店舗と相互で両店に販促用のチラシを置き、来店・利用サービスを付けることで相乗効果を生み出し、売上アップに貢献した。

(5)マーケティングツールを活用しよう！
　ここでは、マーケティングツールの有効活用のため、広告の活用・効果の測定・RFM分析という3つの観点についてそれぞれ説明する。

①広告を使ってみよう
　マーケティング効果を高める手段として広告がある。広告とは「明示された広告主によるアイデア」と米国マーケティング協会の定義にある。広告媒体としては、新聞・雑誌・テレビ・ラジオの4マスと呼ばれる日本に古くからあるメディアに加え、近年ではテレビに次ぐ広告費を持つほどに成長したインターネットメディアを加え、「主要5メディア」とい

う言い方がされることが多くなった。

【主要5メディアのメリット・デメリット】
　ここでは主要5メディアのメリット・デメリットを簡単に紹介する。

(a)新聞
　（メリット）
・発行部数の大部分が宅配されており、社会的な信用や公共性が高いメディアであるため、広告の信頼性が高い。
　（デメリット）
・日々発行される媒体であるため、媒体としての生命は短く、スペースの小さな広告は他の広告と混在されやすい。また、若者の活字離れにより、読者層に偏りが出てきている。

(b)雑誌
　（メリット）
・雑誌ごとに読者層がある程度特定されているため、広告を打ちたいターゲットによってセグメントが可能で、1冊を何人かで回し読みすることも多いため、広告の併読性・反復性が高い。
　（デメリット）
・広告原稿を入稿してから、発売するまである程度の時間を要するため、タイムリーな広告を打つことが難しい。また、新聞同様、活字離れにより部数を落としている雑誌が多い。

(c)テレビ
　（メリット）

・マスメディアの中では最も幅広い層にリーチができ、情報伝達力が高く、タイムリーな広告を打つことが可能である。
（デメリット）
・全国規模で広告を打つ場合は、多額の費用がかかり、また繁忙期に広告枠を確保することが難しい。最近は若者のテレビ離れにより、かつてテレビが得意とした若い人に向けた広告が効かなくなってきている。

(d)ラジオ
（メリット）
・テレビ同様、情報伝達力が迅速であり、タイムリーな広告が可能でありながらも、広告費が比較的安価で、特に特定地域に向けて広告を打つ場合は効率が非常に良い。
（デメリット）
・車を運転しているドライバーや個人でお店をやっている人等、聞く人の職種がある程度限定され、またテレビと比較して、リーチできる人の数が少ない。

(e)インターネット
（メリット）
・これまでのメディアには不可能であった、直接購買に直結させる事ができることが最大の特徴である。また、多くの種類の広告手法があるため、比較的少額の予算でも広告を打つことが可能であり、アクセス数等による、広告の効果検証も比較的し易い。
（デメリット）
・どこからでも、誰でもアクセスがしやすいというとことから、情報の信頼度に欠ける場合がある。そのため、最近イン

ターネット広告に関する苦情も広告費の総出稿量と比例して増えてきている。

【アウト・オブ・ホームメディア】
続いて、アウト・オブ・ホームメディアと呼ばれる交通・看板・電車内・映画館等の屋外広告や、販売促進に結び付きある程度安価で展開できる広告を紹介したい

(a)交通広告
・主に鉄道を中心とした交通機関において掲出される広告。
・車内の中吊り広告、ドア横、窓上広告や駅貼りポスターに加え、最近ではデジタルサイネージを使った映像として見せる広告も増えてきている。
・これらの広告は特に都心部であれば、沿線ごとに地域をセグメントすることもでき、ある特定のエリアに密着した形での広告展開が可能である。

(b)映画館広告(シネアド)
・映画館で映画本編の上映前に流れる広告。
・密閉された空間で大スクリーン、高音響で上映することで質の高い広告を映画来場者特有の高所得層に向けてリーチすることができる。
・ここ10年でシネマコンプレックスという1劇場5スクリーン以上という形態が映画館の主流となり、全国にオープンしたため、一定の地域に絞っての上映も可能で、エリアマーケティングにも活用しやすい。

(c)折込広告
・名前の通り、新聞等に折り込まれる広告である。
・配布システムの進化により、地域やターゲットを更に細かく限定できて、コストも比較的安価で利用しやすい。
・エリアセグメンテーションが高く、また広告効率も良い。

(d)DM広告
・しかるべき業者から手に入れたリストを基に、ある特定のターゲットに対して郵送もしくは宅配便等を使いDMを送る広告である。
・ある程度まとまった部数で特定のエリアに集中して、比較的安価で広告を打つことができる。また、リストの精度が高ければターゲットセグメンテーションも可能である。

(e)POP広告
　POP（Point Of Purchace）の名の通り、ポスター・プライスカード・ステッカー等、店頭や店内で商品の近くに設置される広告である。顧客との距離が最も近い広告であるため、購買行動につながる直接的な行動に結び付く広告である。しかも、比較的大きな文房具店にいって資材を揃え、自ら作成すれば、非常に安価に展開することができる。

【その他の販売促進手段】
　以下は広告とは違うが、販売促進につながる手段として下記のようなものも紹介しておきたい。

(a)パブリシティ
　世間一般ではＰＲとも呼ばれる。各種メディアにおける有

料の広告と違い、メディア側がニュースソースとして取り上げるものなので、消費者にとっても情報の信頼度が非常に高い。ただ、取り上げてもらうにはある一定の工夫が必要であり、最近ではPR専門の会社を使って、プレスリリースを流す会社も増えてきている。

(b)口コミ
　バズマーケティングとも呼ばれ、ブログやツイッター等のSNSを使い、情報発信力の高い著名な人に情報を発信してもらうことで、上記パブリシティ同様に消費者からの信頼度は高いものとなる。ただ、口コミを意図的に操作しようとすると、「炎上」という事態にもなりかねないので注意したい。

②効果測定をしてみよう
　上記のようにマーケティング活動において、広告は非常に重要な手段である。上に紹介したような媒体を上手く組み合わせ、広告のメディアプランを立てていく事により効果的なマーケティング活動が可能となる。広告展開が非常に上手だと言われる会社は、メディアプランニングを専門の会社に、メディアの購入のみを大手広告代理店にと分けて広告戦略を立てている。
　ただ、その広告がどれだけ効果があったのかを検証することは非常に難しく、メディアによっては効果検証を拒む場合も多い。ただ、以下の様にメディアによっては可能な場合もある。ここでは映画館広告の効果検証事例を紹介するので参考にして欲しい。

図表3-4-4 広告の効果測定の流れ

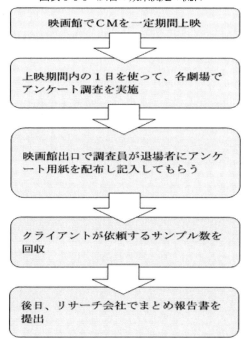

　アンケートでは「CMを見たか」「実際、その商品・サービスを購入・利用したことがあるか」「どこから来たか」「年収は？」等のCMの効果測定だけでなく、CMを見た顧客のプロフィールデータまで入手することができ、今後のマーケティングに上手く活用ができる。また、実際に映像素材さえあれば、ある程度リーズナブルな価格で広告が打てるので、お勧めしたい広告の一つである。

③RFM分析をしてみよう

RFM分析とは、マーケティングの世界において顧客を分析するための有効な手法の一つであるので、ここで紹介したい。

Recency（リーセンシー）最終購買日：
　　　最後に買ってもらったのはいつか
Frequency（フリークエンシー）購買頻度：
　　　この1年間に何回位買ってもらっているか
Monetary（マネタリー）購買金額：
　　　この1年間にいくら位買ってもらっているか

それぞれの頭文字を取ってRFM分析と言われる。これらの数値をそれぞれ1〜5段階でランク付けして、その点数によって層分けして、それぞれの層に対して、効果的なプロモーションを施していく。特に点数の高い顧客には、よりその店舗に対する愛顧（ロイヤリティ）を高めてもらう施策を取る。

RFM分析でもっとも有名なのが、航空会社のマイレージプログラムだ。これはアメリカのアメリカン航空が始めたのを皮切りに、現在では日本国内も含めどこの航空会社も実施しているRFM分析として、もっともポピュラーなものである。

　小規模な店舗であれば、大手の百貨店や量販店と違い、顧客の数がある程度限られてくるので、この分析は非常に有効となってくる。

　例えばある顧客AはRが5、Fが3、Mが3だとする。この顧客はつい最近来店してくれたが、購買頻度は平均的で

購買金額も平均の顧客である。このような顧客にはいかに購買頻度を高めてもらうか、購買単価を高めてもらうかの施策をとらなければならない。

　また顧客BはRが2、Fが3、Mが5と1回の来店でかなりの金額を購入してくれる上客である。ただ、最近何らかの理由で来店してもらっていないので、個別のDMを送るなど施策を早急に取らなければならないのである。

　このように小さな店舗にとっては購買してくれる客、全てが上客なのだが、このように細かく分析することによって顧客のニーズを取り込み、小さな店であることを逆に強みとしていくことが可能となる。

　以上、中小企業診断士がマーケティング支援をする際に活用するツールや考え方、実施例を色々ご紹介させて頂いた。是非参考にして欲しい。

第5節　IT化支援

第1項　成長の節目でIT化が待ち受けている

　インターネットには多くの人を夢中にさせる新しいサービスも多く登場し、そのいつくかには企業も一緒になってその場を盛り上げている。一方、一度作ったホームページはもう何年も更新しないまま放置となり、あれもこれもやろうという気持ちはありながらも、結局、半年一年と手つかずのまま過ぎていく、そのような中小企業も実に多い。

　手がつけられない理由は、「自社に人材がいない」、「スキルが足りない」、「投資コストが負担」といわれているが、業務の助けとなり、収益の助けとなるのがIT化である。企業が成長する節目でなんらかのIT化が待ち受けている。「〜を達成したら、あの業務をITを使って○○しよう」と早くから目標感を持って口に出していると、いざというときにも周囲も巻き込んだ取り組みに繋がりやすい。

　さて、中小企業診断士にはIT企業出身者も多く、経営相談の一環としてIT化の窓口相談に応じている場合もある。例えば、各都道府県に設けられている「よろず支援拠点」の一つである東京商工会議所（東京都千代田区丸の内2-5-1）では、ＳＮＳ・ホームページ活用などの相談に応じている。また、さらに企業との繋がりを深め、中小企業の頼れる右腕として、経営コンサルタント等の立場でより深く、長期間に渡って支援している診断士も数多い。

　本節では、中小企業のIT化について、幅広くヒントにな

るよう考え方や事例を具体的なサービス名などにも言及しながら述べることとする。

第2項　IT活用は「攻め」と「守り」

(1)IT活用の「攻め」と「守り」
　ITの活用には、大きく分けて業務効率化・コスト削減を中心とした「守り」の分野と売上をアップさせる「攻め」の分野に分けて考えると整理しやすい。

図表3-5-1　IT活用の「攻め」と「守り」

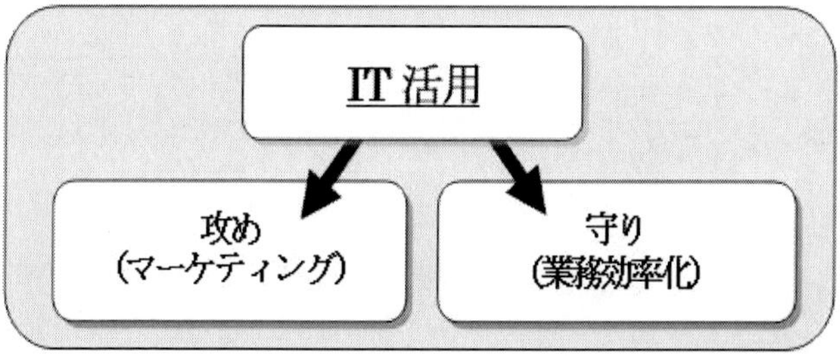

　「どちらの活用がより効果が見込めるか？」という問いについては、平成17年に行った調査では「守り」の方であったが、近年は「攻め」が重視される傾向にある。正解はないが、ごく小規模で従業員も数名の場合は、お客さんが途切れないように「攻め」を優先させたいし、その規模でもホームページは熱意の伝わるものを作りたい。一方で、規模がやや大きくなってきたら、必要なタイミングで業務効率化もしっかり行った方が良い。

(2)「攻め」のIT活用

　「攻め」のIT活用は、売上アップを目的とするマーケティング手段の多様化と深化がポイントとなる。手段を多様化するほど、既存とは異なる顧客との接点を得られる可能性が広がっている。それらの接点を活用し、顧客との関係性を深めていくことで自社製品に対する思いやこだわりを伝道し、ファンを増やしていく、それが「攻め」のIT活用といえる。

　売上拡大のためのITの活用としては、魅力的なホームページの作成や改善、Facebookの活用、ブログでの情報発信、メールマガジンでの情報発信、検索エンジン最適化と呼ばれるgoogle検索などで上位表示させる施策、Web広告の活用提案などが挙げられる。

　診断士のIT化支援では、これらの「攻め」の分野を中心にコンサルティングを行う診断士も多い。関東地域を中心にIT化支援を行っている村上知也氏もその一

図表3-5-2　実践IT研究所ホームページ(上)
　　　　　　お客さま訪問日誌（下）

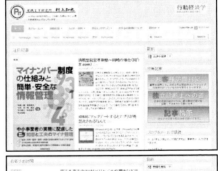

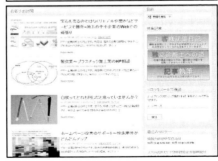

人である。村上氏はWebでの集客を得意としている。

同氏のホームページ（実践 IT 研究所ホームページ http://london3.jp/）の事例紹介ページ「お客さま訪問日誌」では、埼玉県○○市にあるプラスチック加工業のホームページ改善において、上位検索されるようにホームページの改善を提案し、継続的に改善対応を実施したところ、最終的には「○○市　プラスチック　試作」では一位で表示されるようになり、問合せにつながった事例などが報告されている。

テーマや地域を絞ることで中小企業でも検索順位を上げることができるのである。

図表 3-5-3　戸越銀座商店街の Facebook ページ

Facebook の活用も盛んとなっている。個人が実名で使用するソーシャルメディアとして始まった Facebook は、今では企業ページも登場し、大企業だけではなく、中小企業も有益な情報を継続的に発信することで、受信者の「いいね」や「コメント」や「シェア」を誘発し、製品の宣伝や企業情報

の拡散を促す。ブログなどと比べ、情報の拡散力が高いことが特徴である。最近では、Facebookだけでなく、LINE(ライン)やInstagram(インスタグラム)、Twitter(ツイッター)など多くのソーシャルメディアが存在する。どれも個人使用が先行して、後から企業側が追随する形となっている。商店街のように、1社ではなく地域の共同体でアカウントを取得して、情報発信していることも多い。

(3)「守り」のIT活用

一方、「守り」のIT活用は、人の手の作業をシステムやツール、ソフトに置き換えて、省力化や自動化を図るものであり、会計や給与計算など定型化している業務ほど行いやすい。

業務改善のためのITの活用例としては、社内ネットワークの整備、電子メールの活用、スケジュールの共有、技術情報の共有、定型業務の自動化、業務ソフトの活用、事業継続性(BCP)対策を含むデータバックアップ体制の整備、セキュリティ対策などが挙げられる。また、2016年から本格運用となるマイナンバー制度に対処するため、マイナンバーの管理に外部のクラウドサービスなどが利用されることになろう。

「守り」のITについては、直接利益を生むものではないため経営者としては極力投資をしたくない分野である。手軽に業務改善を行うのであればオフィス製品(エクセル、アクセス)を活用することから始めてみてもよい。大企業でもエクセルを上手に活用して事務処理や業務処理を行っているケースは非常に多い。

小さい管理業務などでも、ある程度自社で使い勝手の良い

もので運用したい場合は、事業者自身で手軽に業務ソフトが作れるような拡張性の高い仕組みを低価格で提供しているツールを使う方法もある。サイボウズ社が提供する「Kintone」（キントーン）はデータベースの仕組みと「案件管理」や「日報」など100種類以上の豊富な機能サンプルを持ち、事業者が業務アプリケーションを比較的手軽に作ることができる業務改善のためのクラウドサービスであり、独自の工夫を積極的に行いたい企業には向いている。

図表3-5-4　kintone（キントーン）

第3項　ツール・サービスの活用と自社専用ソフトの開発

(1)無料ツールをうまく活用する

　「攻め」においても「守り」においても、無料もしくは極めて低価格のツールをうまく組み合わせて活用することが一つのポイントである。無料版を検討した結果、業務で使う場合は機能や使用回数の関係で、有料版に該当してしまう場合でも、予算内であり、価格に見合う業務効率化が見込まれ

るのであれば使用を前向きに考えるべきである。
　逆に無料版であっても業務に支障をきたす機能制限が存在したり、運営会社の将来の存続に不安がある場合は採用を回避するべきである。解約した場合に備え、データを中から取り出すことができるかも確認しておいた方がよい。
　特定の業務では、有料ツールを使うという選択肢も次の段階としては当然考えられる。クラウドの登場以前ではパッケージソフトが定番となっていたが、今は「クラウドファースト」の風潮があり、まずクラウドを活用できないかの視点で検討することから始めるべきであろう。

(2)代表的なツール・サービス
　以下に代表的なツール・サービスを右記頁に一覧で記載した。近年のクラウドファーストの風潮を踏まえ、業務ソフトに関しては中小企業向けのクラウドサービスを中心に記載した。

図表 3-5-5　代表的なツール・サービス

【攻め】

①ホームページ
- JIMDO*（ジンドゥー）
- WIX*（ウイックス）

②ネットショップ
- ヤフーショッピング*
- BASE*（ベイス）
- Stores.jp*（ストアジェイピイ）

③ソーシャルメディア
- Facebook*（フェイスブック）
- LINE@*（ラインアット）
- Instagram*（インスタグラム）

④メルマガ
- まぐまぐ*
- Melma!*（メルマ）

* 無料または無料版が存在するツール・サービス
** 決済手数料は別途発生するツール・サービス

【守り】

⑤グループウェア
- サイボウズLive*
- サイボウズガルーン
- Google Apps（グーグルアップス）
- Microsoft Exchange Online（マイクロソフト エクスチェンジ オンライン）

⑥会計・給与ソフト
- freee*（フリー）
- クラウド給与計算ソフト freee*
- MFクラウド会計
- MFクラウド請求

⑦タブレット対応POSレジ
- ユビレジ*
- エアレジ*
- スマレジ*

⑧スマホ決済システム
- PayPal**（ペイパル）
- Square**（スクエア）
- コイニー**

(3)自社専用ソフトの開発

　自社の競争力の源泉として位置づけたい業務については、妥協せず、徹底的に自社業務に沿ったシステムを開発することになる場合もある。例えば、特殊な製品の生産管理システムや、自社特有業務の管理ソフトである。

　また、顧客に直接自社サービスを提供するための iPhone や Android のアプリケーションの開発も自社専用ソフト開発の一つといえる。

　外部に開発を委託する場合は、開発プロジェクトとして要求事項を整理するところから、委託先の選定、契約、要件定義、設計、開発、テスト等の段階を経て納品を受けることになる。

　現在では、クラウドソーシング（後述）にて、個人に直接発注する形態も広まりつつある。企業に依頼するのと比べ品質面や納期面のリスクはあるものの、価格は相場よりも安いとされ、活用が広がっている。

　尚、委託先にすべて任せきりの「丸投げ」はトラブルの原因となりやすい。開発範囲とスケジュールを共有化した上で、プロジェクト開始後に定期的な報告会を設け、進捗と課題の報告を義務付け、相互の協力の元進めるべきである。また、設計内容に齟齬がないか、テストケースは網羅されているか等の品質チェックを、誰が、何に対し、どのタイミングで、どのような方法で行うか等の品質対策も怠るべきではない。

　それらの管理監督が負担になる場合に使える制度として中小企業基盤整備機構では「戦略的 CIO 育成支援事業派遣制度」という制度がある。この制度を使えば、中小企業のＩＴ経営に十分な知見と実績がある専門家から、アドバイスをもらうことができるとともに、自社内の情報管理責任者の育

成にも役立てることができる。
　参考）戦略的 CIO 育成支援事業
　　http://www.smrj.go.jp/venture/consult/cio
　注）CIO とは「最高情報責任者」などと訳され、企業内の情報システムや情報の流通を統括する担当役員を意味する。

第 4 項　ステージを把握し、戦略を練り直す

　1 年に 1 回程度、専門家を交えて自社の IT の活用状況を棚卸することを定例化するのも一つの方法である。IT 化されている業務、されていない業務、されていても活用されていない業務などを再点検し、課題を分析し、会社としての IT 戦略を練り直すのである。
　また、棚卸と同時に、IT 活用に関する新しい流れなどの情報収集を行い、専門家の意見も聞きながら新しい時代の変化に合わせて柔軟に戦略を練り直すことも忘れてはならない。新しい技術の潮流は Facebook などに代表されるように、発生してからの普及が非常に速い。

図表 3-5-6　ロードマップ作成例

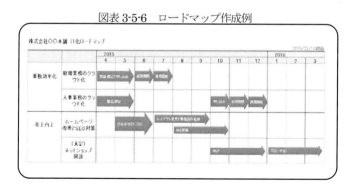

経営環境変化という外部環境面と、競争優位を維持・強化するという内部環境面を総合的に検討して、施策の優先順位を立て、ロードマップのように可視化すると関係者で認識を共有しやすくなる。

第5項　ITを用いるリスク

　ITは便利である一方で、思いがけないトラブルが生じることも多い。
　ここでは、IT活用におけるリスクとその対策をまとめる。

図表3-5-7 IT活用におけるリスクと対策（1）

対象	リスク	対策例
PC・メール	ウィルス感染によるデータ破壊、情報漏えい	アンチウイルスソフトの導入。無料ソフトとしてAVGなどが知られる。感染時の対処方法マニュアル化。
ソーシャルメディア	従業員が想定外内容の投稿を行い、トラブルに発展する	社長や投稿者とは別の社員による投稿前の確認。
メールマガジン	顧客の承諾を得ないで配信し、トラブルに発展する	本人承認を得ることを社内ルールとする。注）「特定電子メール法」で本人承諾が義務付けられている。（罰則有）
メール	誤送信やネットワークの脆弱性による情報漏えい	無料の暗号化ソフトを用いたファイルの暗号化。
クラウドサービス特にソーシャルメディア	「乗っ取り」よるなりすまし発信など。	携帯電話番号を利用したセキュリティコード設定など、使用機器の承認制の導入。
Windowsのファイルやフォルダ	過失による削除	ファイルサーバーの利用とバックアップ施策の実施。

図表3-5-8 IT活用におけるリスクと対策 (2)

ツール	リスク	対策例
すべての情報資産	担当者の退職や死亡によるパスワードの喪失	パスワードの管理ルールの作成。
すべての情報資産	自然災害による喪失	クラウドの活用を中心としたＢＣＰ(事業継続計画)対策の推進。
すべての情報資産	サービス提供会社の倒産等による強制的な使用の中断	製品検討時に会社の信頼性や安全性についても調査対象とする。
USBメモリ	紛失して情報漏洩となる	原則使用せず、ネットワーク経由でファイルのやり取りを行う。使用する場合は必ずその場で中身を消去する。
営業用スマートフォン	外出先で紛失して顧客の個人情報が漏えいする	パスワードロックをかける。紛失に備え、バックアップをルール化する。
ＯＳ(オペレーティングシステム)、各種ソフト	契約期間や製品のサポート機関が切れ、トラブル対処にサポートが受けられない	契約期限やサポート期限を一元管理する。
外部に委託して開発したソフト	外部委託で開発したプログラムに欠陥が見つかる	瑕疵担保(無償修理)期間を１年とするなどを、契約時に明確に取り決める

第6項　最近の潮流（２０１５年時点）

　生活環境に様々な情報通信技術が浸透していく中で消費者の視線の先は徐々に変化している。それに伴い中小企業もマーケティングの仕方や業務の仕組みを工夫していくことが求められる。ここでは最近の潮流として６つのキーワードを取り上げる。

　(1)クラウドファースト
　(2)クラウドソーシング
　(3)クラウドファンディング
　(4)ビッグデータ
　(5)モノのインターネット
　(6)リスティング広告
以下、それぞれのキーワードについて説明する。

(1)「クラウドファースト」
　今までのように手元の機器ではなく、「雲（cloud）」のような遠くの場所にデータを保管する仕組みを指すクラウドコーンピューティングの技術は着々と日本にも根付いてきた。
　そのような中で、新しく自社で新しい取り組みを行おうという場合は、まず「クラウドで行えないか？」を考えるべし、というのが「クラウドファースト」である。
　具体的にはソフトウェアの場合はSaaS（サース：soft as a Service）の活用であり、ハードウェアの場合はIaaS（イアース：Infrastructure as a Service）の活用となる。以前はIT化といえば、パッケージソフトの活用が最初に検討され

ることが多かったが、パッケージソフトの導入と比べると、総じて以下のようなメリットがある。
①支払いが平準化され、キャッシュフローは良好となる。
②インストールや維持管理コスト、更新コストが低減される。
③どこからでもアクセスできる。
④災害時復旧が行いやすく、BCP（事業継続計画）対策となる。

　一方、デメリットとして、仕様の変更が難しいという他に、依頼する会社の将来性や技術力により、安全対策が十分でないことが指摘されている。

(2)「クラウドソーシング」
　インターネット上の不特定多数の人々に仕事を発注することにより、自社で不足する経営資源を補うことができる人材調達の仕組みである。この場合の「クラウド」は「雲(cloud)」ではなく、「多くの人(crowd)」から由来している。その最大の特徴は、「企業がクラウドソーシングサイトに登録している圧倒的多数の個人に対して発注を行うことができることである。」(2014年度版中小企業白書から抜粋)

　代表的なサイト名とその運営会社、
　2015年現在20社以上が仲介サービスの運営を行っている。以下、主要なサイト名と委託内容の具体例を紹介する。

図表 3-5-9①　主要なクラウドファンディングのサイト

サイト名	運営会社名
ランサーズ	ランサーズ㈱
クラウドワークス	㈱クラウドワークス
Crowd（クラウド）	㈱リアルワールド

図表 3-5-9②　クラウドファンディングの委託業務の具体例

- ウェブ・アプリ開発
- ウェブデザイン
- サーバー・システム開発関連
- デザイン関連
- 執筆
- データ入力

　活用事例としては非常に多くあり、各サイトにも紹介がされている。例えば、A 社は新規店舗の顔となる看板デザインの受託者をクラウドソーシングで募集した。その結果、実績のあるデザイナーの応募があり、安価で高品質な業務委託契

図表 3-5-10　ランサーズのホームページと仕事の依頼画面

約を結ぶことができた、といった事例などである。
　その一方で、個人の受託者は法人企業と比べ、信用面で劣ることは否めず、「品質面の不安定さ」という課題も指摘されており、係争に発展する例も報告されている。リスクもメリットも十分考慮した上で、法人企業とどうしたらうまく使い分けできるか、多くの中小企業が模索しながら活用を進めている。

(3)「クラウドファンディング」
　インターネットを使った新しい事業資金の調達の仕組みである。群衆（crowd）と資金調達（funding）を組み合わせた造語で、起業家やクリエイターが製品・サービスの開発、もしくはアイデアの実現などの「ある目的」のために、インターネットを通じて不特定多数の人から資金の出資や協力を募ることをいう。

<代表的なサイト名とその運営会社>、

2015年現在10社以上が仲介サービスの運営を行っている。以下、2015年7月時点の主要3サイト（累計支援額ベース）を記載する。

図表3-5-11　主要なクラウドファンディングのサイト

サイト名	運営会社名	累計支援額
READYFOR？（レディーフォー）	READYFOR㈱	約 13.2億円
Makuake（マクアケ）	㈱サイバーエージェント・クラウドファンディング	約　6.5億円
CAMPFIRE（キャンプファイアー）	㈱ハイパーインターネッツ	約　5.7億円
MotionGallery（モーションギャラリー）	㈱MotionGallery	約　4.5億円

(参考)visualizing.info 社 日本の主要クラウドファンディング 累計支援額 月次推移（積み上げグラフ）2015年8月時点の4社の数値を使用

活用例として、ここでは3つの事例を紹介する。

①有限会社魚住

　カメラバッグを量産するため一定のロットを確保する必要があった。所定のロット数の発注ができる資金を獲得するため「商品・サービス購入型」のクラウドファンディングを活用した。（2014年中小企業白書 P433）

②有限会社宇賀神溶接工業所
　障害者用のハンドバイクの普及モデル開発プロジェクトについて、行政や金融機関からの支援を受けることが困難であった。インターネット上でのPRと対面でのPRにより「商品・サービス購入型」のクラウドファンディングを活用した。(2014年中小企業白書 P434)

③神亀酒造株式会社
　清酒造りは2～3年の熟成期を必要とし、すぐには売上が計上されない特徴がある。運転資金を募る過程で自社商品の顧客やファンも同時に獲得することを狙いとして「事業投資型」のクラウドファンディングを活用した。(2014年中小企業白書 P435)

　今まで、貸し手がいなかった個別案件でも、資金を借りられる可能性が広まった。「タンス預金」が多い日本でもこのようにして銀行を介さない資金の循環が広く行われるようになれば、中小企業の資金調達手段として大いに活用が期待できる。

(4)「ビッグデータ」
　市販されているデータベース管理ツールや従来のデータ処理アプリケーションで処理することが困難なほど巨大で複雑なデータ集合の集積物を表す用語である。
　近年では、ビックデータを活用して新しいビジネスに取り組む中小企業も多くなっており、注目を集めている。ビッグデータを活用できるようなクラウドソフトも提供されている。

例えば、富士通の農家向けクラウド「Akisai (アキサイ)」では、ビッグデータを活用して最適な栽培暦を作成するサービスである。活用した農業法人では、単位面積あたり約1.3倍の売上高向上と、肥料コストの約30%削減が実現したという事例も報告されている。(富士通株式会社ホームページ「Akisai 活用事例」より)。今後はこのような、ビッグデータも活用したサービスが広がっていくことが予想される。

(5)「モノのインターネット」

英語にした時の頭文字をとってIoT (アイ・オー・ティー) とも言われる。一意に識別可能な「もの」がインターネット/クラウドに接続され、情報交換することにより相互に制御する仕組みである。通信技術がより多くの場面で使用される世界をイメージした考え方であり、身の回りの「モノ」に通信機能を持たせることで、いわばセンサーの働きをさせる。受け手からの遠隔操作なども可能とさせる場合もある。それらデジタル情報を利用したビジネスチャンスは広がっている。

(6)リスティング広告

検索エンジン (Yahoo!やGoogleなど)でユーザーがあるキーワードで検索した時に、その検索結果に連動して表示される広告の事。キーワード単位で出稿できる。Yahoo!の「Yahoo!プロモーション広告」とGoogleの「GoogleAdWords」(グーグルアドワーズ)の2つが代表的である。検索にて上位表示させる対応 (SEO) をする場合には手間がかかるのに対して、当施策は手間をかける替わりにお金を使って対策するものともいえる。

第6節　生産管理

　経済的成熟期に入って久しい日本。我々が小学校の頃35％ほどを占めていた第2次産業（製造業）の従業者数比率も25％以下に減少し、それと置き換わるように第3次産業（サービス業）の割合が70％と圧倒的に大きくなってきている。
　一般的に、製造業が立ち上がるとそれを運用面でサポートするサービス業が必要になるとされ、それは「雇用の乗数効果」と呼ばれる。すなわち、製造業の雇用1名の増加は、サービス業の雇用2～3名の増加を生み出す。『製造業は経済力の源泉である』と言われる所以でもあるが、製造業の海外移転に伴う国内の空洞化が、他の産業を含む雇用需要全体の低迷を招いたというのも頷ける。安定した雇用状況の維持のために、いかに製造業が重要かを再認識する必要があろう。

第1項　日本の労働生産性は低い

(1)国民1人あたりGDPは先進7ヵ国の中で最低レベル
　日本のGDPは米国に次ぎ世界第2位というのは過ぎし日の夢、数年前に中国に抜かれてからはその差は拡大の一途を辿っている。それでも世界第3位を維持しているが、それは国全体の比較でのこと。国民1人あたりGDPでは、主要7ヶ国の中で何と5位。日本が米国に次いで2位でいられたのは1990年代前半のみであり、それ以降は急速に順位を下げ、今世紀に入ってからは5位が定位置になってしまっているのである。同じ敗戦国で技術立国であるドイツと比べても、

ここ 10 年ほどの間に差をつけられてしまっているのが現状だ。※米ドル換算での比較のため、為替の変動による影響も大きい。

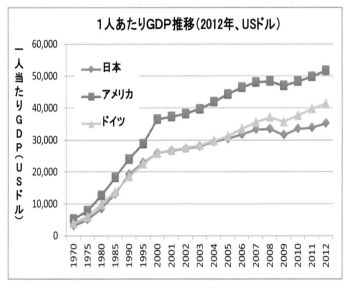

図表 3-6-1　1 人あたり GDP 推移の比較
出典：公益財団法人日本生産性本部資料より編集

(2)製造業の労働生産性は米国の半分でしかない

　就業者に焦点を当てた労働生産性（就業者1人1時間当たり国内総生産）で比較すると、状態はさらに悪化し先進7ヶ国の中で最下位となる。さらに産業別に分類し製造業での比較でみると、先進7ヶ国のトップを行く米国との差はさらに拡大し、米国の54%でしかなくなる。これを見て、かつて『Japan as No.1』との表現で世界を風靡した「日本のモノづくり力」は

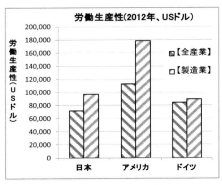

図表 3-6-2　労働生産性の比較
出典：公益財団法人日本生産性本部
　　　資料より編集

どこに行ってしまったのだろうか？と考えるのは、私一人ではあるまい。

(3)労働生産性の向上に不可欠な「生産管理」

　労働生産性とは『付加価値を生み出す速度』とも言われ、それを相対比較することで国や企業の地力を推し量ることができる。労働生産性の向上にはマネジメントが不可欠であり、製造業の場合それは「生産管理」となる。

　図示の通り、「生産管理」は、大きく「工程管理」、「資材管理」、「作業管理」、「設備管理」、「品質管理」、「原価管理」に分類できる。現代の日本の製造業では、品質は良くて当たり前？と言われ全ての課題に対する前提条件として位置づ

けられることが多いが、戦前の日本ではそうではなかった。戦闘機製造のケース（部品品質の例）を紹介しよう。

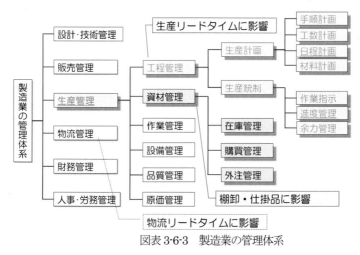

図表 3-6-3　製造業の管理体系

　戦前の日本の戦闘機は、部品品質にバラツキが大きく部品の相互互換性が低かったため、10 機を部品に分解し混ぜ合わせた後に再度組み合わせようとすると、3 機しか組み立てられなかった。それに対し米国の戦闘機では、部品品質のバラツキが小さく部品の相互互換性が高かったため 10 機全てが組み立てられたとのことである。

　すなわち、戦前の日本の製造業は生産管理（特に品質管理）への意識が不十分であったため、管理レベルが低く個体間のバラツキが大きかったが、多くの優れた熟練工の技術（個体の摺り合わせスキル）がそれを補っていたため問題が表面化していなかったと推察されるのである。戦後、低品質な日本製品「安かろう悪かろう」の汚名返上に向け、各種の品質強

化政策とそれに伴う企業努力により日本製品の品質レベルは急速に向上した。1980年代には米国に追いつき追い越す製品が多く出現し、メイド・イン・ジャパン製品が貿易摩擦にまで発展したことは衆目の知るところとなっている。

(4) どうしたら日本の強みを活かせるか

　日本では古くより「段取り半分」という言葉があり、『段取りが完了すれば、仕事の半分は終わったようなもの』との思いで仕事開始前の環境整備に注力してきた。日本の伝統的な世界観のひとつとされる「ハレ」（晴れ）、「ケ」（日常）、「ケガレ」（穢れ）の中で、掃除をすることは「ケガレ」を取り除くこととされ、武術、芸事、職人・商人の世界 等多くの分野では、『見習い修行（丁稚奉公）の最初の第一歩は「掃除」で始まる』ことは公然の事実であった。すなわち、5Sの原点である「清掃」は、日本人にとっては何百年も前からDNAとして組み込まれていたとも言えるのである。

　また、上記の各分野では「弓道」、「剣道」、「柔道」、「茶道」、「華道」、「商人道」等、「○○道」として体系化されてきた。技量レベルも複数段階（師範、段、級 等）に区分され、そこへの到達プロセスも重要で、表層面（技量）だけでなく深層面（人格）が大変重視されてきた。

　このように、5Sの原点である「清掃」も、それが育まれてきた過程を振り返る時、深層面（精神面）に根差した「道を極める」の意識がなければ一過性に終わり定着せず、本来の意味での土台の完成（根っ子の定着：図表3-6-5を参照）をみることは困難であろうことが推察できる。すなわち、押し付けで見様見真似で導入された表層面だけの5S活動では、砂上に楼閣を築くようなものとなり永続的な観点からは危

ういと言えるのである。『「掃除道」を基本に 5S を根付かせ、その上で発展的に楼閣を築く』といった地道で着実な製造業のスタイル（日本人の DNA を活かす）こそ、海外の企業と競争する場合の独自の強みになるうるのではないかと考えるのは言い過ぎであろうか？

第 2 項　「生産管理」は製造業だけのものではない

　「生産管理」という言葉を聞いて、製造業のことだけを考えてはいけない。製造業（機械、自動車、家電品 等）、飲食業（レストラン、居酒屋、ファーストフード店 等）に限らず、サービス業（ヘアカット店 等）においても生産管理の考え方は基本となっている。
　「10 分の身だしなみ」のキャッチフレーズのもとブルーオーシャン戦略の典型例として紹介されることの多い「QB ハウス」は、それまでの理容店の慣行を打ち破りサービス内容を「カット」のみに絞り込むと同時に作業を標準化する 等、カットサービスを効率的に提供するための様々な生産管理的な工夫を特長としている。

図表 3-6-4
QB ハウスロゴ

①チケット販売機：
　予約と支払いがセルフサービスとなり省力化。販売済みチケット数から受注残（待機客数）の推移を把握できる。
②待ち時間の目安表示：
　①の情報から待ち時間を予測しランプで示すことで、顧客

の入店に対する判断情報として働き、負荷の平準化を促す。

図表 3-6-5　製造業における課題の位置づけ

③予約なし：
　処理の順番は先入れ先出しで、工程管理やスケジュール調整 等は不要。
④生産プロセスの標準化：
　タクトタイム（ヘアカット 10 分）が規定され、全てのルーチンがマニュアルに明示され、均質化が目指されている。
　①〜④の考え方は、生産管理そのものであることが解る。

第 3 項　製造業によくある「生産管理」上の問題点

　ここでは製造業に焦点をあて、「生産管理」における代表的な課題を考えてみよう。

　　一般的な製造業における課題は、図示のように整理でき

る(出典:TKK ものづくり研究会テキスト)。事業成果に直結する「品質」、「納期・在庫」、「コスト」、それらを後方支援するために必要となる「好調保全」、「職場間協調」、「作業改善」、そしてこれら全ての基盤となるのが企業体としての5Sを中心とした「根っ子改善」である。すなわち、事業において何等かの問題が発生した場合には、これらの中の何れかに(複数を含む場合もあり)課題があることになるため、それを抽出・特定、対策・立案(行動の細分化)し、実行をフォローしていくことで課題の解決を図ることになる。

　ここでは小規模企業・中小企業によく見られる典型的な例として、上記の中から、「納期・在庫」、「コスト」、「職場間協調」に課題のあるケースを見てみよう。

(1)日程管理ができないケース

　顧客からの納期や進捗の問合せに対し、必要な情報を手元データとして残していないため、精度の高い回答ができない場合であり、将来的に「納期・在庫」状況の悪化から企業としてキャッシュフロー不足に陥る可能性が大きい。この場合、顧客への納期や進捗の回答に必要な情報としては、
①管理情報(生産日程計画、生産進捗状況 等)
②現場情報(設備稼働状況、部材調達状況、人員状況 等)
がある。

　生産管理の視点から言えば、これら情報の管理(データの収集・集計・分析)が標準化・ルーチン化され機械的な一連の手順として業務に組み込まれていることが望ましい。また生産計画は、その作成自体ではなくそれがどのように達成/未達成したかの記録、すなわち進捗記録の有無に重点がおかれるべきである。さらに進捗記録も、製品全体ではなく製品

ごとの工数記録として残されていることが望ましく、製品ごとの生産性向上 等の分析(新たな課題の抽出、対策の実行)に向けての基礎データとして有用なデータ資源となる。それらがない場合には製品ごとの切り分けができず、個別製品に対する分析 等の掘り下げは困難となり、改善は進まない。

　課題分析ができない場合であっても、生産計画(中長期～短期)や重要・緊急情報 等の共有化(見える化)は、従業員に対し目標を明確に示しそれを必達させるための個々の仕事へのモチベーションを高めるのに効果的である。日々の目標だけでなく、中長期的な目標が掲げられることで、現在の仕事の位置づけへの理解が容易となり、物理的にもやりがいが感じやすくなるのである。職場のレイアウトにもよるが、全従業員が出入りする食堂・廊下や会議室 等の壁を掲示板として利用するケースが多くみられる。

(2)製品ごとの原価(利益)を把握できないケース

　製品ごとに把握する原価(利益)の精度が悪く、あるいはデータがなく、顧客からの見積要求に対し利益を確保した妥当性のある見積回答ができない場合であり、将来的に「コスト」管理の弱さにより黒字体質維持に問題が生ずる可能性が大きい。原因としては以下の3つのケースがある。

①原価計算の精度が悪い。

　原価計算が必要な頻度で行われず、計算結果が実態と合っていない。(情報が古い、あるいは季節変動や物価変動 等が考慮されていない)

②原価計算の計算方法が目的とする精度に合っていない。

一般的に製品原価は各種の実績平均値を用いて計算され、どの数値を用いるかにより種々の計算方法があるが、その中で、継続的な運用が可能で、必要な精度を満たす最適な方法を選択することが望ましい。

③製品ごとの原価計算が行われていない。

　ここでは、②の原価計算の計算方法について考えてみよう。原価計算の方法は、大きく以下の 8 タイプに分類できる。

a	製品原価＝材料費
b	製品原価＝材料費×(1＋社内費の比率)
c	製品原価＝材料費＋(賃率×組立時間)
d	製品原価＝材料費＋(機械賃率×加工時間)
e	製品原価＝材料費＋(賃率×組立時間)＋(設計賃率×設計時間÷販売数)
f	製品原価＝材料費＋(機械賃率×加工時間)＋(賃率×段取時間÷生産ロット)
g	製品原価＝(設計賃率×設計時間×(1＋管理費の比率))÷販売数
h	ABC (Activity Based Costing)： 実態に合った適切な Activity (活動基準) の選定とその実績データが必要

　製品原価の計算方法は、一般的には a) から h) に向かうほど、それに必要なデータの収集・集計・分析に労力がかかるため、目的とする製品原価の精度とそれに必要な負荷 等、バランスを図って決められるべきものである。上述の計算式

からは、製品原価の計算に必要なデータとしては、製品別材料費に加え、製品別労務費（組立時間、加工時間）が基本であることがわかる。従業員の日常ルーチンの中に、これらのデータの抽出手段をいかに簡潔で少ない負担となるように組み込むかが課題となる。

(3)現場改善が進まないケース
　改善活動が最後（成果の発現）まで継続できない場合である。「職場間協調」に潜在的な課題があるのが一般的であり、以下の原因が考えられる。

①リーダが多忙で専任者でないため、日常業務に忙殺されてしまう。
②リーダの特性として、人間性・推進力・経験・知識の全てが求められるが、それらを満たすようなリーダ候補（若手・中堅）がいない。
　②については、一般的には「リーダシップ」や「コミュニケーション」といった社会人経験に大きく依存するだけでなく、生まれ持ったキャラクタに左右される部分が大きい資質でもある。求められるのは、複数の部門を横断する活動を意欲的に実行できるような人材であり、従業員の人数に余裕がなく教育その他に各種制約の多い中小企業や小規模企業の場合においては、常につきまとう問題でもある。
　このようなケースにおいては、外部の専門家（コンサルタント等）の力を活用することをお薦めする。人間ドックで自身の健康診断を行うことを思い出して欲しい。検査結果をもとに医師の診断を仰ぎ、問題がある場合にはアドバイスを通して、今日からの生活習慣を見直し対策の実行を決意する

等、結果として自身の健康に安心を得るのと同様の効果が企業においても期待できるからである。費用等で不安を感じるかもしれないが、一定期間（回数）無料で相談に応じているところもあるので是非利用してみたい。外部専門家の力を活用することの長所と短所は以下の通りである。

①長所
・従来のしがらみから解放されたフレッシュな「気付き」を得る機会を得られる。社外からの素人的だが客観的なコメントは新鮮な場合が多い。
・新たな外部人材が目が加わることで、部門に縛られることなく、部門を横断した活動（計画立案や実行推進）を実行しやすくなり、幅広く社内の「潤滑油的な効果」を期待できる。自力で解決できない案件（5Sの定着 等）に対しても、今までと異なった視点からの活動開始とその効果を期待できる。
・社内業務に左右されず独立して動けることから、責任感を持って最後まで継続して活動のフォローができ、成果発現の確率が格段に高まる。

②短所
・「コンサルタント費用」（無償期間・無償回数内で完了しないケース）が発生する。
・成果の発現はコンサルタントの能力や人格への依存度が高く、コンサルタントの選択を間違えた場合「失敗のリスク」を伴う。

第4項　事例紹介

「生産管理」に関する診断・改善事例を2つ紹介しよう。
(1)事例A　（※診断企業の内容を一部変更しています。）
「作業日報」記載の手間を省力化し高精度化する仕組みを導入することで、製品ごとの原価の把握精度が向上し、収益改善のための分析の糸口を得られた。

①A社概要
・金属プレス加工業：　資本金7,000万円、従業員数30名
・主力製品：電子機器向け精密金属プレス加工部品

②問題点
・単価見積ができず、製品別の損益が解らない。

③課題　　『利益管理に必要な情報を、必要な精度で採取する仕組みの構築』
製品ごとの作業工数の実績把握は、作業者の記載する「作業日報（紙）」から得ていたが、日報入力が作業者の負担であることもあり、記載（特に、各作業の開始時刻、終了時刻）が誤った記憶をもとに退勤時にまとめて行われたり、記載漏れがあったりで、データの信頼性自体に問題があった。

④解決策の提案例
ⅰ）目的
類似した製品の見積精度を上げ、現状の工程を時間の視点から分析できるよう、製品別の工数を正確に把握することで高精度のデータを採取できる仕組みを構築し、さらに生産性

向上に向けた改善活動に活かすこと。

作業日報　　　　H yy 年 mm 月 dd 日より1週間　　**作業者：**　手で記載

月曜		生産に関する時間			
		作業①	作業②	作業③	作業④
作業内容	注文コード				
	設備番号		作業指示を作業者が書き写す		
	納品先				
	図番(工程)				
生産数	カウンタ始/終		手で記載		
	総生産数				
	良品数				
	不良数				
作業時間	開始①/終了①			手で記載	
	開始②/終了②				
	開始③/終了③				
	開始④/終了④				
	総作業時間		管理者が手計算		
	加工高				

図表 3-6-6　従来の作業日報

ⅱ)提案内容

・従来の手書き作業の多い「作業日報」から、作業指示情報があらかじめ印字され手書き作業を少なくできる「作業指示書」に変更するとともに、バーコードの読み取りを活用する等により、ルーチン作業の簡素化を図る。

・携帯サイズのハンディターミナルを用い、「作業指示書」の「図番」バーコードから製品名を、作業着の「名札バッジ」のバーコードから作業者氏名を、設備本体に貼付された「設備ラベル」のバーコードから設備番号を読み取る。

・ハンディターミナルの「開始/終了ボタン」を押すことで、各作業の開始時刻/終了時刻が取り込まれ、ハンディターミナル内メモリに図番情報と関係づけられ自動的に一時保管される。

作業指示書:提案例　　　　　　　　　　　　　　　H yy 年 mm 月 dd 日

		生産に関する時間						
		作業①	作業②	作業③	作業④	作業⑤	作業⑥	計
作業内容	納品先	A社			バーコードにて事前入力（印刷）済			
	注文コード							
	品名							
	図番(工程)	121SLF12						
	数量	2000			バーコードにて事前入力（印刷）済			
	納期	H26.12.13						
生産	作業者	バーコード読み込み						
	設備番号							
	開始前カウンタ	ハンディターミナルからキー入力						
	開始時刻	ハンディターミナルから読み込み						
	終了後カウンタ	ハンディターミナルからキー入力						
	停止時刻	ハンディターミナルから読み込み						
	総作業時間	PCにアップロード後、PC上で自動計算						
	総生産数							
	不良個数	ハンディターミナルからキー入力						
	良品個数	PCにアップロード後、PC上で自動計算						
	加工高(個/時間)	PCにアップロード後、PC上で自動計算						

図表 3-6-7　解決策の提案例（作業指示書の書式）

・複数のハンディターミナルごとに一時保管された作業履歴情報は、1日の勤務終了時に管理者により管理用パソコンに一括アップロードされた後、Excel マクロプログラム 等にて実績データとして集計・保存される。

・都度、実績データを分析することで、製品別工数・従業員別生産性・設備別稼働率 等の分析が可能となる。従業員別工数単価データとリンクさせることで製品別原価の実績データが十分な精度で把握でき、新規類似製品の見積や利益計画の策定に活用できるようになる。

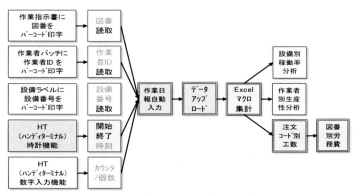

図表 3-6-8　解決策の提案例（作業履歴抽出フロー）

(2)事例B　（※診断企業の内容を一部変更しています。）
　仕掛在庫が多くリードタイムが長期化し、キャッシュフローが逼迫している。工程管理を強化しそれを従業員からも解かるようにすることで、情報が共有化され課題の発見が容易になり、さらに収益改善のための糸口も得られやすくなった。またそれが、多くの従業員の関心を事業に引き付ける（モチベーション向上）のに役立った。

①B社概要
・鋳物業：資本金3,000万円、従業員数40名
・主力製品：各種産業機械部品

②問題点
・見える化されているのは、鋳込み工程のみ
・鋳込み後の工程は管理が不十分で見える化ができていない

・進捗フォローで、管理情報と現物との突き合わせができていない

③課題　　『生産管理情報の共有化と見える化』
ⅰ)「生産日程」の見える化の現状
　製品ごとに製番、納期 等の概要を1枚の磁気シートのカードに手書きし、そのカードを壁ボード（白板の日程枠内）に貼付することで日程管理の見える化を行っている。生産のキーとなる鋳込日程の管理（見える化）となっており、鋳込みに必要な素材やロットがカードの色 等により明示されるにとどまっている。この壁ボードからは鋳込み後の工程は明示されず、またその情報は共有化できていないため、その後の工程や仕掛品に関し、従業員は無関心になってしまっている。

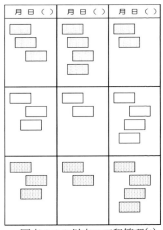

図表3-6-9 従来の工程管理(1)
見える化の現状

※右図は、毎日の鋳込み日程を示している。1カードが1製品（1木型）を示し、枠内の複数製品が同一ロット（同一の溶融鋳込みロットを使用）となる。材料の違いによってロットが区分される。上図の例では、毎日3回の鋳込みロットがあることを示している。

ⅱ)「工程進捗」の見える化の現状

仕上げ加工（社外外注加工）や検査（社内）において、それらの仕掛品の数量が多く、スペースの関係から製品カード（磁気シート）が積み重ねられて掲示されているため一番上のカードしか見えず、特定の製品がどの工程にあるのかを即座に把握するのは、掲示板からは困難となっている。掲示板の目的が事実上発揮されていないといえる。

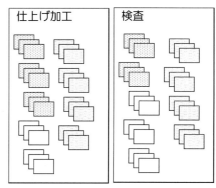

図表 3-6-10 従来の工程管理(2)
　　　　　　見える化の現状

④解決策の提案例

ⅰ)目的

鋳込日程だけでなく、生産日程の全工程および工程進捗を見える化することで情報の共有化を図ること。

工程全体の進捗が常に見えていることで、仕掛在庫が自然に目に入りやすくなり、作りすぎのムダ 等への従業員の気付きを促すことができる。

ⅱ)提案内容

・生産量の関係で、現在の壁ボードを利用した見える化（食堂の壁を利用）では、全製品を見える化するにはスペース的にも困難であるため、製品を重要性や緊急性を基準に分類す

ることで見える化対象製品を一定数以下に絞り込む。
・それらの生産（計画）日程を一覧表（運用のしやすさを考慮し、A3サイズ横長）に印字する。それを壁ボードに掲示し、そこに工程責任者が1日の終業後に製品ごとに工程完了（実績）日を手書きで記載する。

重要	納期	注番	品名	図番	材質	重量	数量	注文主	木型新/リピート	木型番号	計画日程							進捗				仕掛工程
											造型	鋳込	熱処理	加工	検査	出荷	熱処理	加工	検査	出荷	
○	6/30	xxxx	xxxx	xxxx	xxxx	500	2	xxxx	新規	xxxx	6/14	6/15	6/19	6/24	6/26	6/29	6/19	6/24	6/26		出荷
○	7/1	xxxx	xxxx	xxxx	xxxx	100	5	xxxx	リピート	xxxx	6/15	6/16	6/22	6/25	6/29	6/30	6/22	6/25			検査
○	xxxx	xxxx	xxxx	xxxx	xxxx	1,000	xxxx	xxxx		xxxx	xxxx	xxxx	xxxx	xxxx	xxxx	xxxx	xxxx	xxxx			検査
○	xxxx	xxxx	xxxx	xxxx	xxxx	50	xxxx	xxxx		xxxx	xxxx	xxxx	xxxx	xxxx	xxxx	xxxx	xxxx	xxxx			検査
														手書き領域							
○	xxxx	xxxx	xxxx	xxxx	xxxx	700	xxxx	xxxx		xxxx	xxxx	xxxx	xxxx	xxxx	xxxx	xxxx	xxxx	xxxx			加工
○	xxxx	xxxx	xxxx	xxxx	xxxx		xxxx	xxxx		xxxx	xxxx	xxxx	xxxx	xxxx	xxxx	xxxx	xxxx	xxxx			加工
○	xxxx	xxxx	xxxx	xxxx	xxxx		xxxx	xxxx		xxxx	xxxx	xxxx	xxxx	xxxx	xxxx	xxxx	xxxx				熱処理
○	xxxx	xxxx	xxxx	xxxx	xxxx		xxxx	xxxx		xxxx	xxxx	xxxx	xxxx	xxxx	xxxx	xxxx					熱処理

図表 3-6-11　生産（計画）日程を一覧表に印刷（A3サイズ

・製品に関する重要情報（主要仕様、注意点 等）を、計画日程と一緒に一覧表の中に視認可能なフォントサイズであらかじめ印刷しておくことで、生産情報（注意点 等を含む）の見える化と情報の共有化を促す。
・運用を定常化するため、毎日1枚新規の一覧表を作成することとする。それを壁ボードに追加掲示（最も古いものを1枚取り除き、その場所に新しいものを1枚掲示）することで、壁ボードのスペースを効率的に用いた生産情報の一覧掲示が可能となる。

　※図3-6-12では、1枚の壁ボード上に8日分の生産情報を掲示している。

壁ボードを2枚用いることで、16日分の掲示が可能となり、通常製品の全製造工程をカバーすることができる。

図表 3-6-12　一覧表を毎日追加掲示

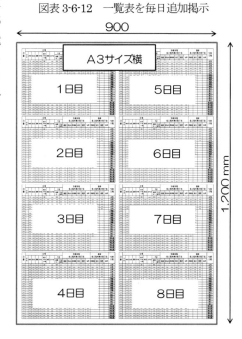

第 4 章
中小企業診断士の上手な使い方

第4章

中小企業診断士の上手な使い方

第1節　どんな時に使ったらいいの

第1項　経営診断・経営計画策定

　既に見て来たように、中小企業が将来を展望する時、それを具体化するには経営診断・経営計画の策定が必要となる。経営に行き詰った時は、それを打開する方策を具体的に経営計画に落とし込むことが求められる。
　企業の視点から見れば、経営計画の策定とその前提である経営診断の実施は、問題を発見し課題に取り組む土台である。診断士側から見ると経営診断・経営計画策定は中小企業診断士の本来業務の柱なのである。将来の展望を具体化したい時、また経営に行き詰った時の際に先ず中小企業診断士に相談することをおすすめする。

第2項　創業、補助金申請、農商工連携

(1)創業
　診断士はこれから自営業、あるいは会社を立ち上げようとする起業家のみなさんの様々なご相談に応じている。創業時の主な相談は以下であり、疑問を感じたり悩んだりした場合

は、巻末に執筆した中小企業診断士の連絡先を掲載しているのでご参考に。創業支援の内容は詳細は2章2節（P.46～）を参照のこと。

・創業で準備しなければならないことは何?
・創業時の事業計画の作り方は?
・事業概要、事業コンセプトって何?
・資金繰りって何?
・創業時の補助金、融資などを教えて?
・必要な許認可って何?
・決算はどうすればいいの?
・販売のテクニックを知りたい?
・公的機関の支援は?

(2)各種補助金の申請

　中小企業に関わる施策に基づく補助金、助成金は、年度ごとに政府や地方公共団体の重点施策が変わり予算の付け方も変わる。従って補助金、助成金の申請内容、申請方法も変わる。しかし多くの申請では経営計画の提出が前提となることが多く、各種申請の際には診断士にご相談を。補助金についても2章3節（P.57～）に詳細が述べられている。詳しくはそこを参照されたい。

(3)農商工連携

　　以下の説明は、農水省、経産省のホームページなどからの紹介である。ご興味がある方はご相談を。

　「農商工連携事業とは、農林漁業者と中小企業者が共同で行う新たな商品やサービスの開発等に係る計画について国が認定を行い、この計画に基づく事業に対し、補助金、政府

系金融機関による低利融資、信用保証の特例等の支援を行うことにより、農林漁業と商工業等の産業間連携を強化して地域経済を活性化する取組である。

　中小企業基盤整備機構では相談窓口を設置し、農商工連携に取り組む農林漁業者と中小企業者の事業計画作成から認定後の実行まで総合的にサポートを行っています。」また中小企業診断士は、第6次産業化支援も行っている。

図表4-1-1　農商工連携（農水省ホームページより）

基本方針
主務大臣（農林水産大臣、経済産業大臣等）が、

農商工等連携事業・支援事業の認定基準等を策定

農商工等連携事業計画
目的：中小企業者の経営の向上及び農林漁業者の経営の改善

中小企業者（商工業者に限る）と農林漁業者が共同で新商品の開発等に取り組む事業計画を作成

認定基準
①中小企業者と農林漁業者とが有機的に連携して実施する事業であること
②両者の経営資源（技術、知識、ビジネスノウハウ等）を有効に活用するものであること
③連携事業により新たな商品、サービスの開発、生産、需要の開拓等を行うこと
④中小企業者及び農林漁業者の経営を向上させるものであること（売上高と付加価値額が5年で5％以上向上すること等）　等

農商工等連携支援事業計画
目的：中小企業者と農林漁業者との交流機会の提供、中小企業者又は農林漁業者に対する農商工等連携事業に関する指導、助言など有機的連携の支援

一定の要件を満たす一般社団法人、一般財団法人又はNPOが、連携事業に取り組む事業者等に対する指導・助言等の支援を行う計画を作成

認定基準
①中小企業者、農林漁業者をはじめ、商工会議所、農業協同組合等の関係機関とのネットワークを有していること
②中小企業者と農林漁業者との有機的な連携を支援する事業であること　等

○ 農商工等連携促進法の支援措置

株式会社日本政策金融公庫等による法の特例等

（低利融資）

農林漁業者
農林水産物の生産、流通、加工又は販売に必要な共同利用施設の取得等
<農林水産事業>
・貸付利率　0.80％(貸付期間の指定なし)
・貸付期間　設備資金20年以内

※金利：平成27年4月1日現在

中小企業者
農商工等連携事業に必要な設備資金及び運転資金
<中小企業事業>
・貸付利率　1.00％　[貸付期間15年超～18年以内]
・貸付期間　設備資金20年以内、運転資金7年以内
<国民生活事業>
・貸付利率　0.90～1.50％[貸付期間15年超～16年以内]※担保有
　　　　　　1.85％[貸付期間15年超～16年以内]※担保無
・貸付期間　設備資金20年以内、運転資金7年以内

（基準利率の場合の利率）　※金利：平成27年4月1日現在

（海外展開に伴う資金調達支援）

日本政策金融公庫の債務保証業務、日本貿易保険の保険業務の拡充により、中小企業の外国関係法人の海外現地金融機関からの資金調達を支援。

農業改良資金融通法、林業・木材産業改善資金助成法、沿岸漁業改善資金助成法の特例

【現行】
<対象者>
・農業者、林業者、木材産業事業者、沿岸漁業者
・これらの組織する団体
<償還期間、据置期間>
10年以内、3年以内

【本法における特例】
<対象者の拡大>（左記に追加）
中小企業者（農業者等が実施する農業良質量等を支援する取組（農業経営に必要な施設の整備等））
<償還期間、据置期間の延長>
12年以内、5年以内

中小企業信用保険法の特例

【現行】
<保証限度額>　（1業者あたり）
普通保険　　2億円以内（組合は4億円以内）
無担保保険　8,000万円以内
特別小口保険　1,250万円以内
流動資産担保保険　2億円以内（組合は4億円以内）
<填補率（年額）>
普通保険　　　70％
その他の保険　80％
<保険料率（年額）>
100分の3以内において政令で定めるもの

【本法における特例】
<保証限度額の拡大>（1業者あたり）
（左記現行額に加え、特別枠を創設）
普通保険　　4億円以内（組合は8億円以内）
無担保保険　1.0億円以内
特別小口保険　2,500万円以内
流動資産担保保険　4億円以内（組合は8億円以内）
<填補率（年額）の引き上げ>
普通保険　　　80％
その他の保険　80％
<保険料率（年額）の引き下げ>
100分の2以内において政令で定めるもの

小規模企業者等設備導入資金助成法の特例

【現行】
<貸付率>
貸付対象額の1／2以内

【本法における特例】
<貸付率の拡大>
貸付対象額の2／3以内

食品流通構造改善促進法の特例

【現行】
<支援対象>
食品の流通の合理化・高度化を図るために必要な資金について、食品流通構造改善促進機構による債務保証

【本法における特例】
<支援対象の拡大>
左の事業とは別に、農林漁業者と食品の製造等を行う中小企業者が連携した取組に必要な資金について、同機構による債務保証

第3項　その他の支援

中小企業診断士は以下の様々な支援も行っている。

(1)経営戦略・部門戦略策定支援
(2) セミナー（研修）講師
(3)その他
　①マーケティング（販売・営業）
　②人事・労務
　③生産・技術
　④IT導入
　⑤財務・会計などの支援

第2節　経営診断の費用は

第1項　「情報はタダ」は通用しない時代に

　内外環境の変化がとても激しい今、中小企業経営はスピーディな対応による変革が求められている。適切な経営コンサルタント（中小企業診断士）をタイムリーに使い、環境に柔軟に対応し、経営成果を得ることが企業の発展、継続につながると考えられる。
　日本では「情報はタダ」という考え方が一部にあるが、他人から得た情報を情報提供者の許可を得ずに他人に漏洩すれば、不正競争防止法など様々な法律に抵触する恐れが生じる。情報は商品であるという認識が少しずつではありますが

広がっている。

　中小企業診断士の専門的なコンサルについても様々な情報を組み合わせた、ある意味情報の塊りであり、そのコンサルへの正当な対価を支払うことの理解が進みつつある。中小企業経営者と中小企業診断士の深い信頼関係が醸成され、中小企業の経営力が高まることにつながればと考える。

第2項　具体的な価格は

(1)具体的な価格
　中小企業基盤整備機構や中小企業診断士の実態についての各地の協会の資料によれば、具体的な一般的具体的な料金は以下図表 4-1-2 の通りである。

図表 4-1-2　一般的な価格

活動区分	報酬額	備考
経営診断指導 （1日当）	10万円 （1日5時間）	但し、診断報告書作成料、診断報告会料を別料金としている場合もある
講演等講師 （1時間当）	6万円	但し、テキスト、原稿料等を別料金としている場合もある
経営指導顧問 （1ヶ月当）	10万円	企業の大きさで異なる場合がある

(2)先ずはご相談を
　実際は依頼者と受託する中小企業診断士の話し合いで決

まる場合が多く、前述の価格より低い場合や高い場合がある。診断士によっては、一定のクオリティを確保するのに必要な工数をかけるため、自社の基準をきちんと守って運営しているところもある。また、依頼者の状況に柔軟に対応してくれる診断士もいる。率直に相談してみるのが得策であろう。

第3節　連絡するには

　本書の末尾にこの本書の出筆者の一覧表を掲載している。そこに、その診断士の専門と連絡先を掲載している。

　連絡を取りたい場合は先ずはメールでご相談をお願いします。
　　また、以下の各地の中小企業診断士協会（中小企業診断協会という場合もある）にご相談すれば、適切な診断士を紹介してもらえます。

　　【　47県協会連絡先一覧　】
　　http://www.j-smeca.jp/open/static/sibuindex.jsf

補論
マイナンバー制度(社会保障・税番号制度)への対応

補論

第1節 マイナンバー制度に対し、経営者はどのように取り組めばよいのか

　社会保障・税番号（マイナンバー）制度が導入される。その導入の目的は社会保障・税及び災害対策の分野における行政運営の効率化、国民の利便性向上、公平・公正な社会実現のための社会基盤整備とされる。マイナンバーは生涯にわたって変わらないので、税の捕捉以上に、社会保険の名寄せなどの必要がなくなり大幅な効率化が見込まれる。導入にあたっては各企業に大きな負担になるが、是非とも漏洩事故など起こさぬよう万全を期した上で、行政コストの削減という形で国民に還元して欲しいものだ。

　新たに国民一人一人に割り当てられる個人番号を含む「特定個人情報」の取扱いは、厳格な保護措置が設けられている。企業にとって負担ではあるが、これを実行することで、個人情報保護も徹底できる体制作りができると思えば企業にとっても取組むメリットがあるといえるだろう。具体的に経営者がどのように取り組めばよいのか整理してみよう。

第1項　マイナンバー制度とは？

(1)概要
　平成28年1月以降マイナンバーは国の行政機関や地方公共団体などにおいて、社会保障、税、災害対策の分野で次のように利用される。

①社会保障関係の手続
　年金の資格取得・確認・給付、雇用保険の資格取得・確認・給付、ハローワークの事務、医療保険の給付の請求、福祉分野の給付、生活保護等
②税務関係の手続
　税務署に提出する確定申告書、届出書、法定調書等に記載
③災害対策関係の手続
　防災・災害対策に関する事務、被災者生活再建支援金の給付、被災者台帳の作成事務等

　また、平成29年1月以降は、個人ごとのポータルサイト（マイナポータル）が運用開始され、マイナンバーを含む自分の情報をいつ、誰が、なぜ提供したのか確認でき、行政機関からのお知らせも受け取れるようになるという。さらに、地方公共団体等の情報連携を開始される。まさに社会の新しい公共インフラといえるだろう。

(2)マイナンバーはどのように通知されるか
　既に平成27年10月から、日本国内の全住民一人ひとりに異なる12桁の番号の通知が開始されている。また、法人には1法人に1つ13桁の法人番号が指定されている。

個人番号の通知は、まず「通知カード」の送付によってなされる。これには、氏名、住所、生年月日、性別、個人番号が記載されている。

通知カードと共に送付される申請書を市町村に提出することにより平成28年1月以降「個人番号カード」が交付される。これには、表面に氏名、住所、生年月日、性別と顔写真、裏面に個人番号が記載され、ICチップが付いている。「個人番号カード」は、一般的に身分証として利用できるほか、事業主や行政機関等に個人番号を提供するときに、提示によって本人確認をしたこととなる。ただし番号法に規定する場合を除き、他人に個人番号の提供を求めることは禁止されているから注意が必要だ。

法人番号は、書面で通知され、原則公表され、法人等の基本3情報（①商号又は名称、②本店又は主たる事務所の所在地、③法人番号）を検索、閲覧できるサービスがインターネットを通じて提供される予定で、民間での自由な利用も可能だ。

(3)事業主がやるべきこと

事業主は、社会保障、税、災害対策の分野の手続で、申請書等への個人番号の記載が必要となる。そのため、予め従業員からの個人番号の提示を受けて、これを管理、保管し、利用できるようにしておかなければならない。また、取得、保管、管理については、一定の規制、罰則がある。次の点は十分注意しよう。

図表 補-1-1 個人番号取扱いの注意点

①法定目的外の個人番号の収集・保管はできない。
②なりすまし防止のため、収集時は本人確認が義務付けられている。
③個人番号を含む個人情報の扱いについて法律に違反した場合の罰則は従来に比べて強化されている。

第2項 何をいつまでに準備しなければならないか?

(1)守るべきルールの確認
　まずやらなければならないこと、また、常にやらなければならないことは、取扱いの段階ごとに事業主が守るべきルールを確認することである。
①取得時
　・法律の範囲内の利用目的を本人に通知又は公表する。
　・個人番号取得に際して本人確認は厳格に行う。
②利用・提供時
　・事業者は法定の提出先へと法定の書類に従業員等の個人番号を記載して提出する。
　・法定の利用目的以外には利用、提供できない。
③保管・廃棄時
　・法定の保管義務がある期間のみ保管し続けることができる。
　・保管義務がなくなった場合速やかに廃棄・削除しなければならない。

(2) 準備のポイント

管理体制の整備は次のステップで行う。

図表 補-1-2 準備のステップ

①個人番号を取り扱う事務作業の範囲、内容の現状を把握する。
②基本方針を策定し従業員の教育啓蒙を行う。
③作業の流れに沿って安全管理措置について検討し、取扱い規程として整備する。
④個人番号に関する事務を外部委託する者、受ける者を洗い出し契約書の作成を行う。

(3) いつから番号記入が必要か

番号記入の開始時期を整理すると次の表のとおりとなる。

平成28年1月からすぐ発生する可能性があるものとしては、退職者の源泉徴収票、配当をする場合の配当・剰余金の分配及び基金利息の支払通知書、社員の入退社、氏名変更等による雇用保険の手続きなどがある。

図表 補-1-3 マイナンバー記載対象書類と記載開始時期

分野	主な届出書等の内容	番号区分	記載対象
税務	・給与所得者の扶養控除等(異動)申告書 ・従たる給与についての扶養控除等(異動)申告書 ・給与所得者の保険料控除申告書兼給与所得者の配偶者特別控除申告書 ・退職所得の受給に関する申告書 ・公的年金等の受給者の扶養親族等申告書 など	個人番号	平成28年1月1日提出分~
	・所得税申告書 ・消費税申告書 など	個人番号	平成28年1月1日の属する年分以降の申告書から
	・法人税申告書 ・消費税申告書	法人番号	平成28年1月1日以降開始する事業年度分から~
	・法定調書	個人番号 法人番号	平成28年1月1日以降の金銭等の支払に係る調書から~
雇用保険	・雇用保険被保険者資格取得届 ・雇用保険被保険者資格喪失届、氏名変更届 ・高年齢雇用継続給付受給資格確認票 ・(初回)高年齢雇用継続給付申請書(※) ・育児休業給付受給資格確認票 ・(初回)育児休業給付金支給申請書(※) ・介護休業給付金支給申請書(※) 等	個人番号	平成28年1月1日提出分~
	・雇用保険適用事業所設置届 等	法人番号	平成28年1月1日提出分~
健康保険・厚生年金保険	・健康保険・厚生年金保険被保険者資格取得届 ・健康保険・厚生年金保険被保険者資格喪失届 ・健康保険被扶養者(異動)届 等	個人番号	平成29年1月1日提出分~
	・新規適用届等(※)	法人番号	平成28年1月1日提出分~

国民健康保険組合については、平成28年1月1日より各種届出書等にマイナンバーを記載する
(※)事業主の方が提出することについて労使間で協定を締結した上で、できるだけ事業主が提出する。
社会保険関係について、在職者の個人番号の提出開始時期は準備が整ってから開始される。

参考：国税庁「税務関係書類への番号記載時期」

http://www.nta.go.jp/mynumberinfo/bangoukisaijiki.htm

厚生労働省「社会保障・税番号制度の導入に向けて（社会保障分野）～事業主の皆様へ～」

http://www.mhlw.go.jp/file/06-Seisakujouhou-12600000-Seisakutoukatsukan/0000082038.pdf

第3項　想定されるリスクに対処する

　個人番号関係事務に従事する者又は従事していた者が、正当な理由なくその業務に関して取り扱った個人の秘密に属する事項が記録された特定個人情報ファイル（その全部又は一部を複製し、又は加工した特定個人情報ファイルを含む。）を提供したときは、四年以下の懲役若しくは二百万円以下の罰金に処し、又はこれを併科すると規定されている。この罰則は、各行為が法人等の業務として行われた場合においては、各行為者を処罰するだけでなく、法人も処罰することとされている。

　また、平成29年1月から稼動予定の「情報提供等記録開示システム」により、自分の個人番号をいつ、誰が、なぜ提供したのか、不正・不適切な照会・提供が行われていないかを自分で確認することができるようになる。このため、個人番号の取扱いによるミスであとから訴えられるリスクもある。

　こうした事態が起きると、罰則の重さだけでなく、顧客からの信頼も失うこととなる。保管、管理、利用については厳重を期しておくべきである。

(1)方針、ルールの策定と安全管理措置

　個人番号の運用について守るべきことは「行政手続における特定の個人を識別するための番号の利用等に関する法律」として制定されている。

　内閣府外局の第三者機関である特定個人情報保護委員会が、法律が求める保護措置やその解釈を具体例を用いて解説した「特定個人情報の適正な取扱いに関するガイドライン」

を作成している。http://www.ppc.go.jp/legal/policy/
　これらをもとに、個人番号の取得・利用・提供・保管の各段階で特定個人情報の管理体制を確立し、全従業員への研修等によりルールの理解と徹底を図っていく必要がある。ポイントを整理すると次のとおりである。

①基本方針、取扱い規程の策定
　特定個人情報等の適正な取扱いの確保について組織として取り組むために、基本方針や、取扱規程等を策定する。

②組織的安全管理措置
　事務取扱担当者及び責任者を明確にし、担当者以外が個人番号を取扱うことがないようにする。あわせて、組織体制の整備、取扱規程等に基づく運用、取扱状況を確認する手段等を整備する。

③人的安全管理措置
　事務取扱担当者の監督、教育を行う。また、従業員に対するマイナンバー制度概要の周知など、従業員への教育も重要だ。

④物理的安全管理措置
　特定個人情報等を取り扱う区域を決め、機器及び電子媒体等の盗難等や電子媒体等を持ち出す場合の漏えい等を防止する。保管義務のなくなった個人番号の削除、機器及び電子媒体等の廃棄を行う。

⑤技術的安全管理措置

特定個人情報等を管理するシステムへのアクセス制御、アクセス者の識別と認証などを行い、外部からの不正アクセスや情報漏えい等を防止する。

(2)個人番号関係事務を委託する場合の義務

個人番号関係事務の全部又は一部を外部に委託する場合、委託者自らが果たすべき安全管理措置と同等の措置が委託先において講じられるよう必要かつ適切な監督を行わなければならないとされている。必要かつ適切な監督のために次の3点が必要だ。

図表　補-1-4　委託する場合の注意点

①委託先の適切な選定
②安全管理措置に関する委託契約の締結
③委託先における特定個人情報の取扱状況の把握

「委託を受けた者」を適切に監督するために必要な措置を講じず、又は、必要かつ十分な監督義務を果たすための具体的な対応をとらなかった結果、特定個人情報の漏えい等が発生した場合、番号法違反と判断される可能性がある。

そのため、委託先の選定にあたっては、委託先の設備、技術水準、従業者に対する監督・教育の状況、その他委託先の経営環境等をあらかじめ確認しなければならない。

委託契約には、秘密保持義務、事業所内からの特定個人情報の持出しの禁止、特定個人情報の目的外利用の禁止、再委託における条件、漏えい事案等が発生した場合の委託先の責任、委託契約終了後の特定個人情報の返却又は廃棄、従業者

に対する監督・教育、契約内容の遵守状況について報告を求める規定等を盛り込む。さらに、特定個人情報を取り扱う従業者を明確にすること、委託者が委託先に対して実地の調査を行うことができること等の条項を盛り込むことが望ましい。

また、委託者は、委託先だけではなく、再委託先・再々委託先に対しても間接的に監督義務を負う。再委託を受けた者が、更に再委託するには、「最初の委託者」の許諾が必要とされる。順次委託される場合も全て「最初の委託者」の許諾が必要とされる。このため、委託契約の内容に、再委託する場合の取扱いや条件、再委託する場合は通知して許諾を得ることを明文化しておく。

(3)個人番号取得時の注意点

個人番号の提供を受ける際、その真正性の確認を行わないと、他人の個人番号を告知してなりすましを行う行為を防ぐことができなくなる。このため、提供を受ける者に対してその確認を義務付け、確認方法を規定している。確認すべき内容は、次の2点である。

図表　補-1-5　個人番号取得時の確認事項

①正しい番号であることの確認（番号確認）
②手続を行っている者が番号の正しい持ち主であることの確認（身元確認）

個人番号カードの提示を直接本人から受ける場合は、これらを同時に行うことができるが、それ以外は、番号確認と身元確認をそれぞれ行う必要がある。年末調整のための扶養控

除等（異動）申告書では従業員等の扶養親族等に係る本人確認は、従業員本人が行うことになる。従業員が事業主に対して提出義務があるから、事業主が扶養家族の本人確認を行う必要はない。国民年金の第3号被保険者の届出では、従業員の配偶者（第3号被保険者）本人が事業主に対して届出を行う必要があるので、本来、事業主が当該配偶者の本人確認を行う必要があるが、それに替えて、従業員が配偶者の代理人として提出する場合には代理権確認書類、代理人の身元確認書類を提出してもらい対応することになる。

　いずれにしても、個人番号を収受する相手に応じてどういう方法で回収し、どの書類で確認するのかを検討し、取り決めておくのがよい。また個別に確認方法が異なる場合は、何によって本人確認を行ったのかを記録しておくと良いだろう。

図表　補-1-6　取得対象の洗い出しと本人確認方法の整理シート例

取得対象	提出先	法定目的	回収方法	番号確認方法	身元確認方法
従業員	税務署	源泉徴収票作成事務			
従業員扶親族	税務署	源泉徴収票作成事務			
不動産賃貸者	税務署	支払調書作成事務			
報酬支払先	税務署	支払調書作成事務			
株主等	税務署	支払調書作成事務			
従業員	ハローワーク	雇用保険届出事務			
従業員	健康保険組合	健康保険届出事務			
従業員	年金事務所	年金届出事務			

　扶養控除等（異動）申告書の社内の回収時にあわせて個人番号の取得を行うことを想定してスケジュールを組むと下記のようになる。

図表 補-1-7 取得対象の洗い出しと本人確認方法の整理シート例

```
2015年          10月中旬～11月中旬  2016年              今年の年末調整      2017年
                                                     では個人番号
                               番号通知  個人番号カード交付  カードは無い

扶養控除等（異動）                                  遅くとも2016年
申告書で収集できる                                  の年末調整ころ
よう、本人確認の体                                  までに個人番号
制を作っておく        H28扶養控除等                 をデータ化
                  （異動）申告書
従業員・配偶
者・扶養親族の
個人番号が一気
に収集できる                        H28源泉徴収票   H28源泉徴収票
                                （中途退職者）   （年末調整）
扶養控除等（異動）
申告書で収集した個
人番号を、社会保険
でも利用できる（利
用目的の特定と通知                     雇用保険の帳票
等が必要）
                                                    健保・厚生
                                                    年金の帳票
```

経済産業省「中小企業におけるマイナンバー法の実務対応(説明資料)」より

国税分野における個人番号の確認方法は、国税庁ホームページの国税分野における FAQ に記述されている。いくつか中小規模事業者にとって参考になるものを列挙する。

Q4-1

あらかじめ氏名や住所等を印字した上で交付した書類による身元確認も可能ですか。

（答）国税分野の手続においては、事業者が個人識別事項（氏名及び住所又は生年月日）を印字した書類を顧客に交付し、顧客からその書類の返送を受け、当該書類に記載されて

いる個人識別事項と別途提示を受けた番号確認書類（通知カード等）の個人識別事項が同一であることを確認することによって身元確認を行うことができます。個人識別事項が印字された書類を顧客に交付するに当たっては、現に手続を行う者が本人に相違ないことについて、事業者において、既に確認ができているものと想定されることから、当該書類による確認を認めております。

Q4-2
　従業員や親族から個人番号の提供を受ける場合も本人確認が必要ですか。

　（答）国税分野の手続においては、事業主が従業員から個人番号の提供を受ける場合に、当該従業員を対面で確認することにより本人であることが明らかな場合には、身元確認書類の提示を不要としています。また、申告書を提出する者が扶養控除対象配偶者や扶養控除対象親族から個人番号の提供を受ける場合、法定調書提出義務者が継続的に取引を行っている方から個人番号の提供を受ける場合にも、対面で確認をすることにより、本人であることが明らかな場合には身元確認書類の掲示を不要としています。

　ただし、この場合、従業員の入社時や取引開始時などに番号法などで定めるものと同程度の身元確認を行なっている必要があります。なお、この場合であっても番号確認は必要となりますのでご留意ください。

国税庁ホームページ国税分野 FAQ より

　http://www.nta.go.jp/mynumberinfo/FAQ/kokuzeikankeifaq.htm
　参照　関係国税庁告示「行政手続における特定の個人を識別するための

番号の利用等に関する法律施行規則に基づく国税関係手続に係る個人番号利用事務実施者が適当と認める書類等を定める件」
http://www.nta.go.jp/shiraberu/zeiho-kaishaku/kokuji/0015015/01.htm

第4項　作業フローを確立しよう

　マイナンバー制導入時は、個人番号の取得と本人確認方法が最も気になる。一方、導入後は、常に安全管理体制を維持しなければならない。作業フローを点検し、漏れのないようにしたい。作業フローを点検しつつ、ルールを決め、取扱規程等にしていくのがよい。大事なのは、特定個人情報等の取扱い業務の以下の各段階において安全措置をどのような方法で実現するのか自問自答してみることだ。責任者と事務取扱担当者で作業フローを想定しながら、管理体制チェックリストを使用して、自問自答し、自社なりの対応策を書き込むというような勉強会を実施しながら取扱規程を作成することをお勧めする。

> ①取得する段階
> ②利用を行う段階
> ③保存する段階
> ④提供を行う段階
> ⑤削除・廃棄を行う段階

第5項　管理体制チェックリスト

　特定個人情報保護委員会事務局が策定したマイナンバー

ガイドラインをもとに、自社の管理体制をどのように構築していくか、対応項目別に自社の弱点を点検して対応方法を整理しておくのがよい。これは内部管理用にも必要だが預っている個人番号をどのように管理しているかを証明するための資料としても使える。

図表 補-1-8 対応項目と運用例

対応項目と運用例（例）	
A 基本方針の策定	
	・法令、ガイドラインの遵守 ・安全管理措置に組織として取り組むため社内掲示する。
B 取扱規程等の策定	
	・責任者、事務取扱者を明文化する。 ・各管理段階ごとに業務フローに沿って注意点、禁止事項を整理する。 ・事務取扱担当者変更時の引継ぎは責任者が確認する。
C 組織的安全管理措置	
a 組織体制の整備	
	・責任者と事務取扱担当者を区分する。
b 取扱規程等に基づく運用	
	・特定個人情報等の取扱状況の分かる記録を保存する。
c 取扱状況を確認する手段の整備	
	・特定個人情報等の入手・廃棄、提出資料作成、本人交付、官庁等提出等において記録を保存する。但し取扱状況を確認するための記録等には、特定個人情報等は記載しない。 記録項目：特定個人情報ファイルの種類、名称、責任者、取扱部署、利用目的、削除・廃棄状況、アクセス権を有する者等

d 情報漏えい等事案に対応する体制の整備
e 取扱状況の把握及び安全管理措置の見直し
・責任者が定期点検日を決め、取扱状況を点検し、改善点を検討する。
D 人的安全管理措置
a 事務取扱担当者の監督
・取扱規程等に基づき適正に取り扱われるよう事務取扱担当者に対して必要かつ適切な監督を行う。 ・事務取扱担当者の業務日報記載、提出を義務づける。
b 事務取扱担当者の教育
・事務取扱担当者に対する勉強会を実施する。 ・従業者に定期的研修、理解度確認テストを実施する。 ・特定個人情報等秘密保持事項を就業規則等に記載する。
E 物理的安全管理措置
a 特定個人情報等を取り扱う区域の管理
・管理区域（情報システム管理区域） 　入退室管理及び持ち込む機器等を制限等する。 　ICカード、ナンバーキー等による入退室管理とする。 ・取扱区域（事務実施区域）
b 機器及び電子媒体等の盗難等の防止
・取扱機器、電子媒体又は書類等を、施錠できるキャビネット・書庫等に保管する。 ・情報システム機器をセキュリティワイヤー等により固定する。
c 電子媒体等を持ち出す場合の漏えい等の防止
・パスワードの設定、書類搬送時は封筒に封入し鞄に入れる。

d 個人番号の削除、機器及び電子媒体等の廃棄	
	・廃棄は焼却、溶解、復元不可能な程度に細断可能なシュレッダーを利用する。 ・ファイル中の一部の削除は、個人番号部分を復元できない程度にマスキングする。 ・削除、廃棄時の記録の保存を義務化する。 ・削除、廃棄作業委託時の削除、廃棄証明書等を確認する。 ・削除・廃棄を責任者が確認する。
F 技術的安全管理措置 a アクセス制御	
	・特定個人情報等を取り扱う機器を特定する。 ・機器を取り扱う事務取扱担当者を限定する。 ・機器のユーザーアカウントを事務取扱担当者に限定する。 ・特定個人情報ファイル保管場所へのアクセスを制御する。
b アクセス者の識別と認証	
	・ユーザーID、パスワード、磁気、IC カードなどで識別する。

c 外部からの不正アクセス等の防止
・外部接続にファイアウォール機能を設定する。 ・ウィルス対策ソフトウェアを導入、定期的に更新、ウィルスチェックを行う。
d 情報漏えい等の防止
・データ暗号化、パスワード保護の徹底 ・メールへのファイル添付禁止 ・暗号化されたファイル伝送システムを利用する。

「はじめてのマイナンバーガイドライン(事業者編)〜マイナンバーガイドラインを読む前に〜」(特定個人情報保護委員会事務局)をもとに作成。

第6項　取扱事務チェックリスト

　次ページの図表補-1-8は、「特定個人情報等の取扱いに関する事務チェックリスト(サンプル)」をもとに作成した。
　特定個人情報を取り扱う事案ごとに、個人番号の取得から廃棄までの取り扱い事務を確認するための取扱事務チェックリストサンプルだ。自社版を作成して、特定個人情報を取り扱う事務作業毎にチェックしながら作業し、記録して保存の対象者の資料とともに保存するようにしたい。

図表 補-1-9 取扱事務チェックリストサンプル

段階	確認事項	確認
取得	取得する特定個人情報等は、個人番号を取り扱う事務の範囲内か。	
	取得する特定個人情報等は、特定個人情報等の範囲内の項目か。	
	本人又は代理人の本人確認を実施、確認方法、書類をメモしたか。	
	本人確認書類の保存はしたか。	
	執務記録に取得状況を記録したか。	
利用	利用する特定個人情報等は、個人番号を取り扱う事務の範囲内か。	
	利用する特定個人情報等は、特定個人情報等の範囲内の項目か。	
	特定個人情報ファイルを作成したか。	
	特定個人情報ファイルの管理簿に記録したか。	
	執務記録に利用状況を記録したか。	
保管管理	保管する特定個人情報等は、個人番号を取り扱う事務の範囲内か。	
	保管する特定個人情報等は、特定個人情報等の範囲内の項目か。	
	保管する特定個人情報等は、法定保存期間を過ぎていないか。	
	法定保存期間が過ぎた書類は個人番号をマスキング又は削除等しているか。	
	書類・磁気媒体等（USB等）は施錠できるキャビネット等に保管されているか。	
	機器は固定、又は、施錠できるキャビネット等に保管されているか。	
	特定個人情報ファイルは、パスワードにより保護されているか。	
	情報システムのアクセス権限は、事務取扱担当者・責任者に限定されているか。	
	情報システムのユーザーID・パスワードは、適正に管理されているか。	
	セキュリティソフトをインストールし、最新に更新しているか。	
	インターネット外部送信時の情報漏えい等の防止策を取っているか。	
	特定個人情報等の書類の持ち出し時に閲覧防止措置をとっているか。	
	特定個人情報の郵送等時、追跡可能な移送手段を利用しているか。	
	磁気媒体等又は機器の持ち出し時、パスワード保護、暗号化しているか。	
	執務記録に管理状況・持出し状況等を記録したか。	
提供	提供する特定個人情報等は、個人番号を取り扱う事務の範囲内か。	
	提供する特定個人情報等は、特定個人情報等の範囲内の項目か。	
	執務記録に提供状況を記録したか。	
開示訂正利用停止	特定個人情報等の開示請求は適法かつ合理的か。	
	訂正内容に係る書類を確認し、確認書類を記録したか。	
	訂正の必要を認める場合、保有する特定個人情報等を適切に修正したか。	
	第三者提供の停止を求める理由は適法かつ合理的か。	
	第三者提供の停止を認める場合、適切に対応したか。	
	執務記録へ記録したか。	
廃棄	当事務所で取り扱う事務で使用しないこととなった特定個人情報を廃棄したか。	
	書類の廃棄方法は復元不可能な手法か確認し、削除方法を記録したか。	
	データの削除方法は復元不可能な手法か確認し、削除方法を記録したか。	
	廃棄の証明書がある場合は保存しているか。	
	執務記録に廃棄・削除の記録をしたか。	
その他	個人情報保護の観点から適切に取り扱っているか。	
	漏えい等の事実又は恐れを把握時に責任者に報告したか。	
	特定個人情報保護委員会及び所管官庁に報告したか。	

あとがき

　最後までお読みいただき有難うございます。本書を手に取られた貴方は中小企業の経営に携わる方、商工会・商工会議所等支援組織の方、または地方公共団体やコンサルタント(中小企業診断士)で中小企業に関心のある方だと思います。

　失われた二十年と言われ、景気低迷の中で生き残りをかけて地道に努力を重ねている多くの経営者に対して、経営改革・改善のお手伝いをさせていただく切っ掛けになればと9名が本書を出版する行動を起こしました。

　この本の執筆者たちは、中小企業への手助けを自らの使命として中小企業経営者をサポートする活動を続けてきました。そして昨年に一般社団法人東京都中小企業診断士協会・中央支部の認定マスターコース「プロ講師養成講座」15期生として一年間集い、同じ思いを持った研修講師として相互啓発でよりスキルアップをした有志9名であります。

　それぞれが商社・医療・建設・半導体・広告・IT・電子機器・コンサル・ガス業界の出身で、専門分野は多方面にわたって経営戦略・経営計画立案、経営革新・経営改善、創業・ものづくり・営業・マーケティング・人事労務・税務・財務から販売までのご支援ができます。また人材育成の研修はTWI(監督者訓練)から管理者研修(ヒューマンスキル・マネジメントスキル)に亘って、原理原則を踏まえた本質を徹底した教育指導を実施して成果を上げ続けています。

　経営がうまくいかない理由は外部ではなく、内部(企業)にあると捉え努力する中小企業へ、協働して研修・コンサルティングで「お役に立ちたい」想いから立ち上がりました。

　　　　一般社団法人東京都中小企業診断士協会・中央支部　認定
　　マスターコース「プロ講師養成講座」代表幹事　大野　敏夫

著者経歴（アイウエオ順）

折笠　勉（おりかさ　つとむ）まえがき、第2章第1節、第4章執筆担当。横浜国立大学大学院修了（MBA）、中小企業診断士、認定登録医業経営コンサルタント、経営革新等認定支援機関。千葉商科大学経済研究所一般研究員。医業経営サルタント学会優秀賞受賞。mail: orikasa0804-atom@dream.com

上井光裕（かみい　みつひろ）第1章、第2章第4節執筆担当。
中小企業診断士　アップウエルサポート(同)代表
専門分野　ガス業界、人材開発　甲種ガス主任技術者ほか355資格保有　テレビラジオ出演多数
mail: mitukamii@gmail.com　　検索「資格マニア」

後藤　泰山（ごとう　たいざん）、第3章第6節執筆担当
名古屋大学および同大学院工学研究科修了、中小企業診断士、経営革新等認定支援機関「オフィス三方ビジョン」代表、コンサル集団「経営創研株式会社」パートナー、大手電機・機械メーカにて、製品開発・生産管理・IT・経営企画に永らく従事。

関　政己（せき　まさみ）第3章第2節執筆担当
早稲田大学商学部卒業　中小企業診断士
合同会社　関マネジメントコンサルティング代表
専門分野　マーケティング、販路開拓、経営革新
mail: mxseki@jcom.home.ne.jp

大工原　幸人（だいくばら　ゆきひと）第3章第1節執筆担当
東京大学経済学部卒、中小企業診断士、MBA（経営学修士）。総合商社三井物産での多業種企業の経営で培った経験を活かして独立、経営コンサルティング会社を設立。産能大総研兼任講師。専門は企業経営戦略、ビジネス・ヒューマン系研修／セミナー。

中保　達夫（なかぼ　たつお）第3章第4節執筆担当
専修大学文学部卒業。中小企業診断士、1級販売士。
東京都中小企業診断協会中央支部青年部所属
著書　フレッシュ中小企業診断士の合格・開業体験記Ⅲ（共著）。広告メディアの営業・マーケティングを20年以上務めてきた経験を活かし活動中。mail:natikarabon@gmail.com

橋田宏信（はしだひろのぶ）第3章第5節執筆担当
一橋大学法学部国際関係課程卒業。中小企業診断士（企業内）、アクセンチュア（株）勤務。「合格者の頭の中にあった全知識」および「合格者の頭の中にあった全ノウハウ」（2014年版）の事例Ⅱ（マーケティング）の執筆を担当。

吉田　成雄（よしだ　しげお）第3章第3節、補論執筆担当
税理士、中小企業診断士、ワークショップデザイナー。
IT企業で上場準備を経験後、企業再生コンサルタント、人事組織戦略コンサルタントとして活躍。得意分野はビジネスモデルイノベーション。mail: cap87880@gmail.com

和氣俊郎（わけ　としお）第2章第2節、第3節執筆担当
中小企業診断士。和気コンサルタント・オフィス、NPO法人創業塾OB会理事長。専門分野　SCM、在庫削減、創業支援、補助金申請支援。共著「コンサルタントのフレームワーク」（同友館）他。mail: gitane_wake@yahoo.co.jp

そうだったんだ！　中小企業経営
～社長の経営戦略がまるごとわかる本～

2016年1月20日　初版発行

中小企業診断士
編　著　　　折笠　勉

定価（本体価格2,450円+税）

発行所　　株式会社　三恵社
〒462-0056 愛知県名古屋市北区中丸町2-24-1
TEL 052 (915) 5211
FAX 052 (915) 5019
URL http://www.sankeisha.com

乱丁・落丁の場合はお取替えいたします。
ISBN978-4-86487-455-7 C2034 ¥2450E